INTRODUCTION HISTORIQUE

A L'ÉTUDE

DU CODE CIVIL

A L'USAGE DE MM. LES ÉTUDIANTS DE PREMIÈRE ANNÉE

PAR

Daniel de FOLLEVILLE

AVOCAT A LA COUR D'APPEL DE DOUAI

PROFESSEUR DE CODE CIVIL A LA FACULTÉ DE DROIT.

PREMIER EXAMEN : Notions **abrégées** sur les sources du droit civil français. — Notions générales sur l'organisation actuelle des grands pouvoirs publics.

Prix : 1 fr. 50

DOUAI

Chez tous les Libraires.

PARIS

MARESCQ aîné, Libraire-Éditeur,

17, rue Soufflot, 17.

1876

INTRODUCTION HISTORIQUE

A L'ÉTUDE

DU CODE CIVIL

AUTRES OUVRAGES DU MÊME AUTEUR.

Des caractères distinctifs des associations commerciales en participation (1865). DURAND. Une brochure in-8°. — *Épuisée.*

Considérations générales sur l'acquisition ou la libération par l'effet du temps (1869). THORIN. 1 vol. gr. in-8°. . . . . . 3 »

De l'interdiction considérée comme cause de séparation de biens judiciaire (1870). COTILLON. Une brochure in-8°. . . . 1 50

Étude sur le paiement avec subrogation; ses caractères distinctifs (1871). THORIN. Une brochure in-8°. . . . . 1 »

Programme sommaire du cours de Code civil (*Deuxième examen*), *avec une Étude sur le partage d'ascendants* (1871). THORIN. 1 vol. in-8°. 8 »

Étude sur la jonction des possessions (*art.* 2235 *du Code civil*) (1871). MARESCQ aîné. Une brochure in-8°. 2 50

De la revendication des titres au porteur en matière de faillite (1871). MARESCQ aîné. Une brochure in-8°. . . . . 1 »

De la publicité des contrats pécuniaires de mariage, d'après la loi du 10 juillet 1850. MARESCQ aîné (1872). Une brochure in-8°. . 2 »

La loi du 12 août 1870 et le cours forcé des billets de la Banque de France (1872). MARESCQ aîné. Une brochure in-8°. . . » 50

Sommaire du cours de Code civil (*Premier examen*). MARESCQ aîné. Une brochure in-8°. — Seconde édition (1876). 2 25

Notion du droit et de l'obligation (quatre premières leçons d'un cours triennal de Code civil) (1873). THORIN. Une brochure in-8°. . . 2 50

De la légitimation des enfants incestueux (simple note extraite du *Recueil spécial de Jurisprudence de la Cour de Douai*, t. XXXI, p. 109 (1873). THORIN. Une brochure in-8°. . . . . » 50

De la délégation des fonctions de l'instruction aux juges suppléants (1873). THORIN. Une brochure in-8°. . . . . . . » 50

Comparaison des articles 434, 443 et 479 § 1er du Code pénal (Compte rendu d'une réforme proposée par M. DE CAUDAVEINE, président de chambre à la Cour d'appel de Douai (1874). MARESCQ aîné. Une brochure in-8°. » 50

Essai sur la vente de la chose d'autrui (1874). MARESCQ aîné. 1 vol. in-8°. 3 50

De la possession précaire. (1874). MARESCQ aîné. Une br. in-8°. 1 50

Traité de la possession des meubles et des titres au porteur. MARESCQ aîné. 1 vol. in-8°. — Seconde édition (1875). . . . 12 »

Des clauses de remploi et de la société d'acquêts sous le régime dotal (Étude suivie du programme de six cours sur la communauté réduite aux acquêts (1875). MARESCQ aîné. Une brochure in-8°. . . . 2 50

Du paiement du prix par l'acheteur en matière de vente (1875). MARESCQ aîné. Une brochure in-8°. 1 50

Étude sur le titre préliminaire du Code civil : *De la promulgation et de l'application des lois et des décrets, d'après la législation actuelle* (1876). MARESCQ aîné. Une brochure in-8°. . . . . 1 »

INTRODUCTION HISTORIQUE

A L'ÉTUDE

DU CODE CIVIL

A L'USAGE DE MM. LES ÉTUDIANTS DE PREMIÈRE ANNÉE

PAR

Daniel de FOLLEVILLE

AVOCAT A LA COUR D'APPEL DE DOUAI

PROFESSEUR DE CODE CIVIL A LA FACULTÉ DE DROIT.

PREMIER EXAMEN : Notions **abrégées** sur les sources du droit civil français. — Notions générales sur l'organisation actuelle des grands pouvoirs publics.

DOUAI

Chez tous les Libraires.

PARIS

MARESCQ aîné, Libraire-Éditeur,

17, rue Soufflot, 17.

1876

AVANT - PROPOS

1. Suivant le vœu exprimé par la haute Commission des études de droit (Comparez notre *Notion du droit et de l'obligation*, p. 18, note 1), nous avons soin, tous les trois ans, avant d'aborder l'examen du Code civil, de donner à MM. les étudiants des notions *abrégées* sur les principales divisions historiques du droit civil français.

Nous leur faisons connaître également l'organisation actuelle des pouvoirs publics.

En un mot, dans une introduction rapide, que le temps nous oblige à limiter à cinq ou six leçons seulement, nous essayons de *résumer* l'ensemble des idées philosophiques, juridiques et historiques qui forment le préliminaire indispensable de toute étude fructueuse des textes promulgués.

2 à 39 (1). Notre *Introduction générale*, philosophique et historique, est habituellement divisée en quatre chapitres :

Le premier chapitre est consacré aux notions philosophiques et juridiques sur la loi, la morale et le droit.

Le second chapitre contient la théorie sommaire des différentes espèces de devoirs (*sensu lato*) ou d'obligations. — L'on y trouve aussi le développement de la célèbre distinction des droits réels et des droits personnels ou droits de créance.

Ces deux premières parties de l'*Introduction générale* sont traitées *in extenso* dans notre *Notion du droit et de l'obligation*, aux nos 18 à 69, pages 35 à 101.

L'objet du chapitre troisième est de donner des notions

(1) Nous prenons de suite le no 39, afin de mettre la présente brochure en rapport exact avec les numéros du *Sommaire* de notre cours de Code civil (premier examen). De cette manière, MM. les étudiants trouveront une correspondance complète entre la partie actuellement publiée de notre cours pour la licence, et le sommaire qui leur sert de guide habituel dans la rédaction de leurs notes.

abrégées sur les principales divisions historiques et sur les sources du droit civil français.

Le quatrième chapitre renferme des détails sommaires sur l'organisation des pouvoirs publics français.

Ces deux derniers chapitres vont trouver leur développement dans la présente brochure : cet opuscule, sous le titre d'*Introduction historique à l'étude du Code civil*, constitue donc la suite de notre *Notion du droit et de l'obligation*. Il complète la série de nos cours préliminaires à l'étude des textes. Comparez notre *Sommaire* du cours de Code civil (premier examen) nos 1 à 136. Le lecteur voudra bien se souvenir qu'il s'agit, dans la présente publication, d'un simple *résumé*, et ne pas y chercher des notions approfondies que les exigences du programme (1) ne nous permettent pas de donner au début d'un cours de licence consacré principalement à l'exégèse et à l'explication du Code civil.

Nous abordons immédiatement le chapitre troisième (2) de notre *Introduction générale*, philosophique et historique (chapitre premier de cette brochure).

Douai, le 18 Décembre 1875.

DANIEL DE FOLLEVILLE.

(1) Nous renouvelons ici le vœu déjà exprimé, dans notre *Notion du droit et de l'obligation*, p. 19, note 1, en faveur de la création, dans toutes les facultés de droit, d'un cours spécial d'introduction à l'étude du droit, avec la sanction d'une boule d'examen à la fin de l'année. La création de cette chaire est absolument indispensable.

(1) Consulter M. Bertauld, *Introduction à l'histoire des sources du droit français*; — M. Minier, *Précis historique du droit français et introduction à l'étude du droit*; — M. Eschbach, *Introduction générale à l'étude du droit*; — M. de Fresquet, *Précis d'histoire des sources du droit français* depuis les Gaulois jusqu'à nos jours (ouvrage spécialement destiné à MM. les étudiants); — M. Boistel, *Cours élémentaire de droit naturel ou de philosophie du droit*; — M. Ahrens, *Cours de droit naturel* complété par des aperçus historiques.

INTRODUCTION HISTORIQUE

A L'ÉTUDE

DU CODE CIVIL

CHAPITRE PREMIER

[Chapitre *troisième* de l'Introduction *générale*, philosophique et historique (1).]

Notions abrégées sur les principales divisions historiques et sur les sources du droit civil français.

40. Ces notions, renfermées dans de sages limites, sont indispensables pour l'explication et la complète intelligence des textes actuellement promulgués dans nos différents Codes.

41. L'on a coutume de diviser le droit français, considéré au point de vue historique, en trois grandes périodes :

1° Le droit ancien : — depuis le commencement de la monarchie jusqu'au 17 juin 1789 ;

2° Le droit intermédiaire ou révolutionnaire : — depuis la Révolution française jusqu'à la promulgation du Code civil (21 mars 1804 ou 30 ventôse an XII).

3° Le droit nouveau ou droit moderne : — depuis la promulgation du Code civil jusqu'à nos jours.

42. Nous allons parcourir rapidement chacune de ces périodes successives.

(1) Voyez *suprà* l'avant-propos, p. 5 et 6.

PREMIÈRE PÉRIODE

Le droit ancien.

43. Cette première période comprend tous les actes législatifs, ordonnances, coutumes et arrêts de règlement qui ont existé depuis le commencement de la monarchie, jusqu'au 17 juin 1789, époque où les Etats généraux se déclarèrent en Assemblée nationale constituante.

44. Il est difficile de donner des renseignements précis sur l'état de la Gaule *avant* la conquête romaine. Les commentaires de César, *de bello gallico*, et la géographie de Strabon nous apprennent peu de choses sur les monuments législatifs des Gaulois : ces monuments consistaient surtout en *coutumes*, variant de peuple à peuple, et en *lois*, votées dans les assemblées composées des druides et des nobles. Comparez M. Laferrière, *Histoire du droit français*, t. II, p. 1 à 178.

45. Depuis la conquête romaine jusqu'à l'invasion des Barbares, c'est-à-dire pendant les cinq siècles de la domination romaine dans les Gaules, les coutumes nationales et les institutions de droit privé se sont, en partie, conservées. L'administration *générale* seule devint tout-à-fait romaine. A côté des coutumes locales, nous rencontrons des monuments authentiques, de nature à nous faire connaître quelles étaient, au ve siècle, dans les Gaules, les principales sources du droit positif romain. M. de Fresquet, dans son *Précis d'histoire du droit français*, pag. 10 à 17, signale quatre documents importants : 1° les écrits des jurisconsultes indiqués dans la Constitution de Valentinien III, connue sous le nom d'édit des citations ; 2° les constitutions contenues dans les codes Grégorien et Hermogénien ; 3° le code Théodosien ; 4° des novelles particulières, servant de complément à ce Code.

46. Nous passons à l'état de la Gaule depuis les inva-

sions des Barbares jusqu'à l'établissement de la féodalité. Un fait historique très-remarquable, c'est le respect des Barbares, et notamment des Bourguignons et des Wisigoths, pour la loi des vaincus. Au lieu de chercher à anéantir les institutions romaines, ils s'efforcèrent, au contraire, d'en rassembler les monuments épars, pour en former un corps de lois. Il convient dès lors de dire successivement quelques mots des lois des Bourguignons, des lois des Wisigoths, et des lois des Francs.

47. Chez les Bourguignons, nous voyons dominer le principe de la personnalité des lois. Entre Romains on appliquait la loi romaine. Dans les contestations entre Bourguignons, on appliquait leurs lois nationales. De là, deux recueils spéciaux : la loi Gombette, ou *lex Burgundiorum* (1), et le Papien, *Papiani responsorum liber*, ou *lex romana Burgundiorum* (2).

La *lex Burgundiorum* est ordinairement appelée *loi Gombette*, du nom du roi Gondebald, auquel on en attribue la publication. Elle contient un certain nombre de dispositions pénales, et aussi des textes réglementant les rapports de famille et de propriété.

A côté de la loi des vainqueurs, nous rencontrons la loi des Gallo-Romains, rédigée peu après la loi Gombette. Cette loi des vaincus est appelée dans l'histoire, le *Papien*, ou encore *lex romana Burgundiorum*. Les sources qui ont servi à la composition de ce recueil, sont le code Théodosien, les novelles des empereurs, les institutes de Gaïus, les sentences de Paul, les codes Grégorien et Hermogénien, enfin le bréviaire d'Alaric.

48. Chez les Wisigoths, nous trouvons également deux recueils, l'un pour les Wisigoths, la loi nationale des Wisigoths, l'autre pour les Gallo-Romains, la *lex romana Wisigothorum*, ou bréviaire d'Alaric (3).

(1) La loi Gombette se trouve dans Walter, t. I, pag. 304 à 350, et dans Canciani, *Barbarorum leges antiquæ*, t. IV, pag. 11 à 44.

(2) Voyez Ginoulhiac, *Revue historique*, t. II, pag. 533 et suivantes.

(3) La *lex Wisigothorum* est rapportée dans Walter, t. I, pag. 4 et suiv., et dans Canciani, t. IV, pag. 62 et suivantes.

La loi des Wisigoths, *lex Wisigothorum*, n'a jamais eu une grande influence historique : on y trouve réunies des dispositions de droit public et de droit privé, empruntées à la fois aux lois germaniques et aux lois romaines. La loi nationale des Wisigoths a été appliquée comme loi personnelle jusqu'au IXe siècle (1).

La *lex romana Wisigothorum*, ou bréviaire d'Alaric, a, au contraire, une importance considérable dans l'histoire du droit : car, ainsi que le fait remarquer M. de Savigny (t. II, p. 36), cette loi remplaça longtemps dans les Gaules toutes les autres sources du droit romain. L'on procéda à sa rédaction en l'an 506, sous le règne d'Alaric II. Jusqu'au XVIe siècle, ce recueil a été connu sous la dénomination de *lex romana Wisigothorum*. Depuis cette époque, on lui a surtout donné le nom de bréviaire d'Alaric, *breviarium Alaricianum*. La *lex romana Wisigothorum* se compose de deux sortes d'éléments : 1° de constitutions déjà en vigueur depuis longtemps ; 2° d'un certain nombre de passages empruntés à différents jurisconsultes. Une interprétation, ayant pour objet de faciliter l'intelligence du texte, accompagne chaque fragment, et quelquefois en change la disposition, ce qui donne à ces additions une grande valeur historique et législative.

49. Les Francs, comme tous les autres peuples barbares, avaient leurs lois et coutumes nationales. Ces lois, une fois rédigées, portèrent le nom de loi salique et de loi ripuaire.

Il y a une grande controverse historique, dans le détail de laquelle nous n'avons pas à entrer, sur la question de savoir à quelle époque fut rédigée la *loi salique* (2). En tout cas, cette loi porta un caractère législatif obligatoire, et fut remaniée à diverses reprises, notamment sous Char-

(1) On trouve la loi nationale des Wisigoths dans Walter, t. I, pag. 4 et suiv.; aj. pag. 537 et 538; dans Canciani, t. IV, pag. 62 et suiv.; aj. t. IV, pag. 204, 206 et 208.

(2) La loi salique se trouve rapportée dans Canciani, t. II, pag. 9, et dans Walter, t. I, pag. 1 ; comparez M. Minier, *Précis historique du droit français*, pag. 60 et suiv.; M. de Fresquet, *Précis d'histoire des sources du droit français*, pag. 34 et suivantes.

lemagne. La loi salique contient des dispositions de droit politique et de droit privé, de procédure et de droit criminel. C'est dans le titre 62, *de alodis*, chap. 6, que l'on rencontre le fameux texte, en vertu duquel les femmes ne pouvaient pas régner en France : « *De terra vero salica in mulierem nulla portio hereditatis transit.* » L'on ne trouve pas, d'ailleurs, dans la loi salique, le droit tout entier des peuples Francs : de nombreuses coutumes non codifiées existaient certainement à côté d'elle.

La *loi des Francs Ripuaires* (1) a été rédigée, suivant certains auteurs, depuis l'année 511 jusqu'à l'année 534; suivant d'autres auteurs, dans l'intervalle de l'année 628 à l'année 638, sous le règne de Dagobert Ier. La loi des Ripuaires comprend à la fois des dispositions de droit pénal et de droit civil. On y trouve, dans le titre 83, une allusion au duel judiciaire, si usité chez toutes les peuplades germaines.

Il convient enfin de remarquer, avec M. de Savigny (*Histoire du droit romain au moyen-âge*, t. II, p. 65 et suiv.), la conservation et l'usage constant du droit romain dans l'empire franc, grâce au principe de la personnalité des lois, sur lequel nous aurons bientôt à revenir. Un capitulaire de Clotaire, remontant à l'année 560, et rapporté dans Walter, t. II, p. 2, contient textuellement cette disposition : « *Inter Romanos negotia causarum, Romanis legibus præcipimus terminari.* »

50. En dernière analyse, le droit ancien présente, au point de vue législatif, la confusion et le chaos. Le royaume de France, à cette époque reculée, était divisé en une foule de provinces étrangères les unes aux autres, diverses par les mœurs et les lois, formant entre elles comme autant de nations distinctes et particulières. « Lorsqu'un homme voyage en France, disait Voltaire, il change de lois presque autant de fois qu'il change de chevaux. » La plupart des provinces, en effet, au moment de leur réunion à

(1) On trouve la loi des Francs Ripuaires dans Canciani, t. II, pag. 296, et dans Walter, t. I, p. 166.

la couronne, avaient obtenu des *chartes de franchises*, en vertu desquelles elles étaient admises à conserver, même après leur incorporation, leurs usages et leurs priviléges antérieurs. De là, l'absence totale d'uniformité dans le droit : de là, des embarras inextricables lorsqu'il surgissait un différend entre *plusieurs personnes n'habitant pas la même province*. L'usage, en effet, s'était établi d'abord d'appliquer à chaque homme sa *loi d'origine* : on en trouve la preuve dans un grand nombre de lois et de capitulaires. Il nous suffira de citer un passage des formules de Marculfe. Le roi s'adresse au gouverneur d'une province : « .... Et omnis populus ibidem commanentes, tam Franci, Romani, Burgundiones, quam reliquas nationes, sub tuo regimine et gubernatione degant et moderentur, et eos recto tramite *secundum legem et consuetudinem eorum regas....* » (Voy. Walter, t. III, p. 294 ; *Formules de Marculfe*, liv. I, form. 8). A leur avénement au trône, les empereurs de la seconde race juraient de conserver à chacun sa loi personnelle. Ce principe des lois personnelles amenait un résultat parfois singulier. On voit, dans une lettre d'Agobard *ad Ludovicum Pium*, au IXe siècle, que dans une même maison, on pouvait souvent rencontrer cinq hommes réunis, qui vivaient sous cinq lois différentes.

Il importe de rechercher maintenant comment on appliquait le principe de la personnalité des lois.

D'abord, quant aux *personnes*, c'est la naissance qui fixe la loi sous laquelle on doit vivre.

Cette règle souffre cependant trois exceptions : 1° la femme mariée suit la loi de son mari : devenue veuve, elle reprend sa loi d'origine ; 2° Tout le clergé suit la loi romaine, soit comme individu, soit comme corporation : c'était un moyen, pour lui, de conserver les priviléges accordés par les empereurs romains, et pour le Pape, une facilité plus grande de gouverner uniformément la société chrétienne. Le titre 58 de la loi ripuaire contient, en effet, ceci : « *Ut ei tabulas secundum legem romanam, quâ Ecclesia vivit*, » et on retrouve des dispositions de ce genre dans les lois lombardes de Luitprand (Walter, t. I, p. 824), dans les capitulaires, etc.; 3° Les affranchis suivent leurs lois d'origine chez les Bourguignons; ils sont soumis, chez les Francs Ripuaires, à la loi romaine ou à la loi franque, suivant qu'ils ont reçu la liberté d'après l'une ou l'autre loi (V. loi des Ripuaires, tit. 58, 61); chez les Lombards, c'est la loi de leurs patrons qui devient leur loi.

Les enfants suivent la loi de leur père légitime. Il arrivait ainsi qu'une femme pouvait avoir des enfants soumis à des lois diverses, si elle s'était mariée plusieurs fois, à des hommes de nations différentes, par exemple, à un Romain d'abord, ensuite à un Franc. Les enfants naturels n'ayant point de père certain, on leur permettait chez les Lombards de suivre la loi qu'ils voulaient (Voy. Canciani, t. I, p. 224).

Une question, qui a été longtemps discutée, consistait à savoir si on pouvait, à son choix, quitter une loi pour en prendre une autre. On a soutenu l'affirmative. Dans son *Histoire du droit romain au moyen-âge*, t. I, p. 110, M. de Savigny a réfuté cette opinion par une série de raisonnements et de textes, qui paraissent ne plus laisser la moindre place au doute. Cette faculté de changer de loi ne se trouve nulle part, dans les textes, posée en principe. D'un autre côté, lorsque l'on veut indiquer la loi d'un individu, on se contente, dans tous les Codes barbares, d'indiquer la nation à laquelle il appartient, en le désignant par les noms de *Francus*, *Burgundio*, *Langobardus*.

En ce qui concernait les *choses*, on leur appliquait toujours la loi personnelle du propriétaire, sans distinguer si elles étaient mobilières ou immobilières. Toutefois, lorsqu'il s'agissait d'*alleux*, il était de règle qu'ils ne pouvaient être possédés que par des individus appartenant à la nation franque.

En résumé, après la conquête du pays par les Francs, chaque peuple conserve ses lois nationales, sans que personne puisse en changer à son gré. Quelques exceptions, celle en particulier qui soumettait tout le clergé au droit romain, venaient toutefois restreindre la généralité de cette règle.

51. Nous arrivons à une autre source du droit positif : ce sont les *capitulaires*.

Cette dénomination de *capitulaires* ne s'applique pas seulement, comme quelques personnes paraissent le penser, aux actes de Charlemagne et de ses successeurs : elle appartient également aux ordonnances des rois de la première race : seulement on les désignait d'abord par les noms de *constitutiones*, *præceptiones*, *decreta*, et ce n'est qu'à partir de Charles-Martel qu'on les a appelées *capitularia*.

Un passage d'Hincmar, tiré de sa lettre intitulée, *Ad proceres regni pro institutione Carolomanni regis et de ordine palatii ex Adalado*, nous indique d'une manière nette et précise la manière dont se faisaient les capitulaires. Nous emprunterons ici les renseignements donnés par M. Guizot dans ses *Essais sur l'Histoire de France* : « C'était l'usage de ce temps de tenir chaque année deux assemblées *(placita)* et pas davantage. La première avait lieu au printemps; on y réglait les affaires de tout le royaume; aucun événement, si ce n'est une nécessité impérieuse et universelle, ne faisait changer ce qui avait été arrêté. Dans cette assemblée se réunissaient tous les grands *(majores)*, tant ecclésiastiques que laïques ; les plus considérables *(seniores)*, pour prendre et arrêter les décisions; les moins considérables *(minores)*, pour recevoir ces décisions et quelquefois en délibérer aussi et les confirmer, non par un consentement formel, mais par leur opinion et l'adhésion de leur intelligence. — L'autre assemblée, dans laquelle on recevait les dons généraux du royaume, se tenait seulement avec les plus considérables de l'année précédente et les principaux conseillers..... Dans l'une ou l'autre des deux assemblées, et pour qu'elles ne parussent pas convoquées sans motifs, on soumettait à l'examen et à la délibération des grands, ainsi que des premiers sénateurs du royaume, et ce en vertu des ordres du roi, les articles de lois nommés *capitula*, que le roi lui-même avait rédigés par l'inspiration de Dieu, ou dont la nécessité lui avait été manifestée dans l'intervalle des réunions. Après avoir reçu ces communications, ils en délibéraient un, deux ou trois jours, ou plus, selon l'importance des affaires. Des messagers du palais, allant et venant, recevaient leurs questions et leur rapportaient les réponses; et aucun étranger n'approchait du lieu de leur réunion jusqu'à ce que le résultat de leurs délibérations pût être mis sous les yeux du grand prince, qui alors, avec la sagesse qu'il avait reçue de Dieu, adoptait une résolution à laquelle tous obéissaient. Les choses se passaient ainsi pour un, deux capitulaires ou un plus grand nombre, jusqu'à ce qu'avec l'aide de Dieu, toutes les nécessités du temps eussent été réglées..... Cependant, si ceux qui délibéraient sur les matières soumises à leur examen en manifestaient le désir, le roi se rendait auprès d'eux et y restait aussi longtemps qu'ils le voulaient..... Je ne dois pas oublier de dire que si le temps était beau, tout cela se passait en plein air, sinon dans plusieurs bâtiments distincts où ceux qui avaient à délibérer sur les propositions du roi étaient séparés de la multitude des personnes venues à l'assemblée, et alors les hommes les moins considérables ne pouvaient pas entrer. Les lieux destinés à la réunion des seigneurs étaient divisés en deux parties, de telle sorte que les évêques, les abbés et les clercs élevés en dignité pussent se réunir sans aucun mélange de laïques. De même les comtes et autres principaux de l'Etat se séparaient dès le matin du reste de la multitude, jusqu'à ce que, le roi présent ou absent, ils fussent tous réunis; et alors les seigneurs ci-dessus désignés, les clercs de leur côté, les laïques du leur, se rendaient dans la salle qui leur était assignée, et où on leur avait fait honorablement préparer des siéges. »

Quel était maintenant le caractère des capitulaires? Parmi les capitulaires, les uns étaient *généraux*, applicables à tout l'empire franc: dès lors, pour les cas prévus, ils se substituaient aux lois personnelles; — les autres contenaient des dispositions plus spéciales: ainsi les *capitula addita ad legem Salicam* (Walter, t. II, p. 329, 336 et 337), les *capitula addita ad legem Alamannorum* (Walter, t. I, p. 232, etc.).

Les capitulaires, d'ailleurs, comprennent des matières très-multiples. On y trouve, en effet, des règles de législation civile, criminelle, politique, religieuse. Il y a aussi des dispositions qui sont permanentes, d'autres qui ne sont que transitoires. Il en est même qui s'occupent de détails d'économie domestique, et l'on sait que Charlemagne y réglemente jusqu'à l'administration de ses domaines (Voy. le capitulaire *de villis imperatoris*, dans Walter, t. II, p. 132).

Les originaux des capitulaires étaient conservés à la chancellerie de l'empire. C'est sur ces originaux qu'étaient prises les copies, destinées aux fonctionnaires de l'Etat et aux prélats qui avaient pris part à l'assemblée : ces dignitaires devaient les répandre et en faire l'application. Un abbé de Fontenelle, Anségise, fut le premier qui réunit, en 827, les capitulaires de Charlemagne et de Louis le Débonnaire. Après lui, un diacre de Mayence, Benedictus Levita, composa un nouveau recueil, pour ajouter les capitulaires qu'Anségise avait omis. Plus tard, en 1677, Baluze fit une nouvelle édition des capitulaires ; il en fit connaître un grand nombre, qui manquaient dans les deux collections précédentes. Depuis cette époque, nous avons eu des publications plus complètes encore : ainsi celle de Walter, dans le *Corpus juris germanici antiqui*, et dans les monuments de Pertz.

52. A côté des capitulaires, il faut mentionner aussi, comme une autre source de notre droit à l'époque de la seconde race, les *lois des Normands*. On peut en retrouver des fragments dans deux ouvrages remontant au XIIIe siècle : 1° *L'Echiquier de Normandie;* 2° *l'ancien Coutumier de Normandie* (Voy. Laferrière, *Histoire du droit civil*, t. III, p. 120).

53. A côté des lois écrites, qui ne renfermaient qu'une partie des coutumes germaniques, il y en avait un grand nombre d'autres qui, sans être codifiées, recevaient tous les jours leur application. On les trouve souvent reproduites

dans des formulaires composés pour les besoins de la pratique journalière. Un de ces recueils, le seul dont on connaisse l'auteur, qui est un moine nommé Marculfe, remonte à la seconde moitié du VIIe siècle : il est divisé en deux livres, le premier contenant quarante formules appelées *chartæ regales*, le second en contenant cinquante-deux, nommés *chartæ pagenses* (V. Walter, t. III, p. 285). M. Laferrière donne, dans son *Histoire du droit civil*, t. III, p. 364, la liste détaillée des autres recueils de formules que nous possédons.

54. Nous avons à étudier maintenant l'état de notre pays depuis l'établissement de la féodalité jusqu'à la révolution de 1789. Un fait très-remarquable doit nous frapper dès l'abord : de *personnelles* qu'elles étaient jusqu'ici, les lois sont devenues *territoriales*. La France, au point de vue du droit, se trouve divisée en deux grandes zones : au *midi*, on suit le droit romain ; dans le *nord*, on rencontre un grand nombre de coutumes diverses. Un capitulaire de Charles le Chauve mentionne déjà cette division de la France dès l'an 864 ; voici en effet ce que l'on y trouve : « In illâ terrâ in quâ judicia secundum *legem romanam* terminantur, secundum ipsam legem judicetur, et in illâ terrâ in quâ judicia secundum legem romanam non judicantur, monetarius, sicut supra diximus, falsi denarii, manum dexteram perdat. » (*Edictum Pistense*, an 864, cap. 16. Walter, t. III, p. 144). Ainsi donc, à l'époque où nous sommes arrivés, les lois varient, non plus suivant les personnes, mais suivant les pays. Il importe de rechercher de quelle manière ce changement s'est opéré. Voici comment s'exprime, sur ce point, M. R. de Fresquet (*Précis d'histoire des sources du droit français*, p. 73) : « Dans chaque grande division de la France, le contact des peuples tendait continuellement à amener l'unité législative. Cela s'est fait peu à peu, sans décision formelle émanée, à jour fixe, du pouvoir dominant dans chaque fraction de l'empire. Il est impossible de dire : C'est à telle époque que les lois personnelles ont cessé d'être en vigueur ; on peut bien trou-

ver encore, à des temps donnés, la trace de ces lois, mais sans pouvoir préciser à quel moment elles ont fini. — Il y a eu une fusion lente, insensible ; il a fallu plus d'un siècle pour l'opérer radicalement ; mais il est certain que le fait s'est accompli d'une manière définitive dans le courant du xe siècle. La société est devenue féodale ; chaque province s'est divisée en fractions indépendantes. Les bénéfices, d'abord à vie, sont devenus des fiefs héréditaires. Le fief lui-même s'est démembré, et dès lors toute la nation étant partagée en deux classes, les suzerains et les vassaux, on appliqua la loi du fief suzerain et non plus la loi d'origine. (Confer. Laferrière, t. 3, p. 488). — Ainsi à notre question : Comment se sont fondées les lois territoriales ? nous répondons : par la fusion des peuples et par la division du royaume de France en une série de fiefs indépendants du pouvoir royal. — Il reste un second point à examiner : comment la France s'est-elle trouvée divisée en pays de coutumes et pays de droit écrit, c'est-à-dire de droit romain ? Voici quelle est, suivant nous, la réponse à cette question : — Dans le nord de la France, la race germanique dominait aussi bien par le nombre de ses membres que par ses lois, ses mœurs et son langage. Dès lors le droit romain, qui avait commencé à se corrompre à ce contact, finit par disparaître. — Dans le midi, au contraire, la population gallo-romaine était plus nombreuse : la législation romaine y était en pleine vigueur. Loin de l'attaquer, les Wisigoths et les Bourguignons l'avaient codifiée. Lorsque les Francs eurent fait la conquête de ces contrées, leur domination exista plutôt de nom que de fait ; car les guerriers francs ne quittèrent point le nord et les terres qu'ils avaient reçues, pour venir habiter le midi. La population d'origine conserva donc toute sa force homogène, avec son langage et sa loi. Ceci est encore démontré par les différences qui existent entre la féodalité du nord et celle du midi. Pour la première on dit : *nulle terre sans seigneur* ; tout homme est vassal à un degré plus ou moins élevé. Pour la seconde au contraire, on dit : *nul seigneur sans titre*, et le franc-alleu, la terre libre a subsisté dans le Languedoc jusqu'aux derniers temps de la monarchie. — Dès lors voici ce qui se passa : au nord, la fusion amena la prédominance de l'élément germanique, parce que les Germains étaient les plus nombreux et les plus puissants ; dans le midi, la race gallo-romaine absorba les quelques hommes de race étrangère qui étaient restés sur le sol de la France ; la prédominance dans la fusion appartint au droit romain et amena sa conservation. — Il y a un fait qui vient singulièrement confirmer cette opinion. Nous l'avons déjà répété plusieurs fois, la loi romaine n'a jamais cessé d'être en vigueur chez les conquérants du midi. Or, chez les Bourguignons, le peu de durée de leur domination, les guerres continuelles qu'ils eurent à soutenir, empêchèrent l'influence germanique de pénétrer profondément dans les populations. Les vainqueurs avaient assez à faire pour conserver leurs conquêtes, sans s'occuper d'imposer leurs lois d'origine aux vaincus ; il est donc certain que le droit primitif dut rester vivace chez les Gallo-Romains. — Il est de plus certain qu'il n'y eut aucune colonisation importante de la part des Francs, soit chez les Bourguignons, soit dans le pays des Wisigoths ; les vainqueurs d'autrefois, devenus à leur tour les vaincus, n'eurent plus d'influence. D'ailleurs une grande partie des Wisigoths se réfugia en Espagne ; encore une fois le terrain resta, en quelque sorte, à la population romaine. — Or, les Bourguignons avaient leur capitale à Lyon, et occupaient le pays depuis Langres jusqu'à la Provence. Les Wisigoths étaient établis à Toulouse, et avaient pour limites la Saintonge, l'Angoumois, le Périgord, etc.... Lorsque la distinction des pays de droit écrit et des pays de coutumes fut bien tranchée, la division que nous venons d'indiquer fut à peine modifiée ; car voici l'étendue des pays de droit écrit : en tirant à partir de l'île d'Oléron, une ligne brisée qui passe au-dessus de la Saintonge et du Limousin, qui traverse la partie inférieure de l'Auvergne et qui remonte ensuite vers le nord en embrassant le Mâconnais et le pays de Gex, on a, à peu près, les limites qui séparent les deux législations. Il ne manque à ce territoire, pour embrasser tous les pays occupés par les Wisigoths et les Bourguignons, que le Poitou et la Bourgogne supérieure, qui a conservé le nom des conquérants. » Il est facile de se rendre compte maintenant de ce double fait historique : d'une part, la substitution des lois territoriales aux lois personnelles ; de l'autre, la division de la France en *pays de droit écrit* au midi, et *pays de droit coutumier* au nord. On voit en même temps, les inconvénients, au point de vue de la bonne administration de la justice, de toutes ces divisions territoriales et de ces règles diverses dans la législation. Aussi l'un des plus grands bienfaits de la révolution de 1789 sera-t-il de proclamer et d'assurer l'unité de législation.

55. Quoi qu'il en soit, voici quelles étaient les sources du droit ancien dans les *six* derniers siècles qui ont précédé la révolution française. On peut les ramener aux *cinq* suivantes : 1° les ordonnances des rois ; 2° les coutumes ; 3° le droit romain ; 4° le droit canonique ; 5° les arrêts de règlement des Parlements. — Quelques mots seulement sur chacune de ces sources.

56. I. Ordonnances des rois. — Sous l'ancien régime, l'exercice du pouvoir législatif était concentré entre les mains du roi : « *Quod principi placuit, legis habet vigorem.* » Toutes les provinces étaient donc soumises à *l'autorité du roi*, et les ordonnances, sous les rois de la troisième race, comme les capitulaires sous les rois de la première et de la seconde race, constituaient de véritables lois. On en distinguait quatre espèces principales : 1° les ordonnances proprement dites ; 2° les édits ; 3° les déclarations ; 4° les lettres patentes.

Les *ordonnances proprement dites* embrassaient ordinairement différentes matières, et émanaient du roi, sur les remontrances à lui faites.

Les *édits* étaient rendus par le monarque de son propre mouvement, et ne concernaient habituellement qu'un seul objet.

Les *déclarations* n'avaient pas pour but de créer une

nouvelle loi, comme les ordonnances et les édits : leur but était d'interpréter ou de modifier les dispositions contenues dans quelque ordonnance antérieure.

Les *lettres patentes* différaient essentiellement des ordonnances, édits ou déclarations. Tandis que ces derniers documents législatifs étaient *généraux*, c'est-à-dire obligatoires pour tous les individus, les lettres patentes étaient *spéciales*, c'est-à-dire relatives seulement à certaines personnes déterminées. C'étaient des lettres du grand *sceau*, par lesquelles le roi accordait ou confirmait quelque droit ou privilége en faveur de certaines personnes physiques ou morales. Ces documents étaient dits lettres patentes, parce que toutes les lettres du *sceau* étaient ouvertes (*litteræ patentes*), à la différence des lettres de cachet, qui étaient closes.

57. Il existe un grand nombre d'ordonnances royales : en voici quelques-unes, parmi les plus importantes :

L'ordonnance de 1453, rendue par Charles VII à Montil-les-Tours, sur la réformation de la justice et la rédaction officielle des coutumes.

Sous Louis XIV, nous trouvons :

L'ordonnance de 1667, sur la procédure ;

Celle de 1669, sur le régime des eaux et forêts ;

Celle de 1670, sur l'instruction criminelle ;

Celle de 1673, sur le commerce ;

Celle de 1681, sur la marine : elle est fort remarquable, et elle a été adoptée comme loi par toutes les nations de l'Europe.

Sous Louis XV, l'impulsion des réformes continua, et nous rencontrons encore les ordonnances suivantes rédigées, pour la plupart, par les soins du chancelier d'Aguesseau, continuateur de l'œuvre de Colbert :

L'ordonnance de 1731, sur les donations ;

Celle de 1735, sur les testaments ;

Celle de 1747, sur les substitutions (1).

(1) On entend par substitution un acte par lequel une personne transmet un bien à une autre personne, sous la condition que cette dernière le conser-

Il importe de faire une dernière observation. Les ordonnances royales, avons-nous dit, étaient obligatoires dans tout le royaume. Toutefois leur exécution, dans le ressort de chaque Parlement, était subordonnée à leur enregistrement. Or, petit à petit, les Parlements s'étaient attribué le droit de refuser cet enregistrement. Il en résulta que quelques ordonnances royales ne furent pas universellement suivies. Tel fut, sous Louis XIII notamment, le sort de l'ordonnance de janvier 1629, plus connue sous la désignation de *Code Michaux*, du nom de Michel Marillac, alors garde des sceaux. Cette ordonnance renferme d'excellentes dispositions sur les successions, sur les substitutions; Pothier l'appelle même la *belle* ordonnance. Elle n'avait qu'un tort : c'était de compromettre le crédit de l'aristocratie, et les Parlements l'annulèrent par leur résistance.

58. A côté des ordonnances royales, il faut mentionner aussi les *chartes*. Une charte était un contrat intervenu entre les seigneurs et les habitants d'un pays, qui se formaient en commune. La royauté n'y jouait point un rôle direct : elle n'intervenait que pour garantir les chartes accordées par les seigneurs. Quelquefois aussi les rois de France octroyèrent eux-mêmes des chartes aux communes situées dans leurs domaines.

Le caractère de ces sortes de conventions n'était pas d'ailleurs exclusivement politique : on y trouve des dispositions de droit civil, de droit pénal, de procédure, de police municipale, etc.

En ce qui concerne le mode de création des chartes communales, on peut distinguer trois zones : 1° dans le nord de la France, les communes conquirent leurs chartes par les armes; 2° dans le midi, elles les obtinrent par des conventions amiables avec les seigneurs; 3° dans l'ouest, elles les acquirent à prix d'argent.

Il faut encore signaler les *établissements*, sortes de

vera soigneusement, et le remettra, lors de sa mort, à un tiers déterminé (art. 896, 1048 et suiv. Code civ.).

règlements que les communes, communautés ou corporations avaient le droit de faire, et qui étaient obligatoires pour leurs membres.

59. II. Coutumes. — Il y avait, en France, de trois à quatre cents coutumes, les unes *générales*, les autres simplement *locales*.

Soixante coutumes environ étaient dites *générales*, parce qu'elles étaient observées dans une province entière; les autres, dites *locales*, étaient particulières à une juridiction, à une ville, à un bourg, ou même à un village.

60. Dans la suite des temps, la plupart des coutumes furent successivement rédigées par l'ordre des rois, et enregistrées par les Parlements. Dès lors, il y eut un peu moins d'incertitude dans la législation; mais toujours, néanmoins, les coutumes tinrent leur autorité de l'*usage*, et non pas de la rédaction qui avait pu en être faite : cette rédaction eut seulement l'avantage de leur conférer une sorte d'approbation officielle, en leur donnant une fixité relative. Le point de départ de cette rédaction se trouve dans l'art. 125 de l'ordonnance de Montil-les-Tours, rendue en 1453. Elle ne fut à peu près terminée que plus d'un siècle plus tard, sous Henri III.

61. Nous ne pouvons signaler ici que quelques-unes de ces coutumes parmi les plus importantes. Nous trouvons d'abord, en 1493, la publication des coutumes de Lorris, qu'au XVIe siècle on qualifiait de *plus anciennes*, *fameuses et renommées coutumes qu'aucunes autres en France*. Les coutumes de Melun et de Sens datent de 1506; celle d'Amiens, de 1507; celle de Paris, de 1510; celle de Lille, de 1533, etc. Mais comme ces rédactions n'offraient pas toujours toute l'exactitude désirable, un travail de révision devint bientôt nécessaire. Dès 1555, la réforme générale, à laquelle en particulier le président Christophe de Thou attacha son nom, était commencée par la publication de la coutume réformée de Sens. Les autres coutumes suivirent : en 1569, c'étaient celles de Metz et du pays messin; en 1575, celle de Bourgogne; en 1580, celles

de Paris et de Bretagne ; en 1586, celle de Normandie, etc. La rédaction officielle des coutumes s'arrêta d'une manière générale, après le règne de Henri III : on ne vit plus ensuite que de rares publications. Il est intéressant d'ailleurs de constater ces premiers efforts dirigés vers l'unité de législation. Il restait pourtant encore beaucoup à faire. Mais ce premier pas, déjà accompli à la fin du XVIe siècle, était un progrès immense.

62. III. Droit romain. — A côté des coutumes, nous trouvons le droit romain, qui s'était surtout conservé dans le midi. C'est ici le lieu de rappeler une division territoriale fort célèbre en matière de législation. La France était, nous l'avons dit précédemment, dans cette première période, au point de vue des sources du droit, divisée en *pays de droit écrit* et en *pays de droit coutumier*. La ligne de démarcation entre les pays de droit écrit et les pays de droit coutumier partait de la Saintonge, pour aboutir au Mâconnais. Les Parlements de Pau, Toulouse, Aix et Grenoble étaient de droit écrit ; ceux de Bordeaux et de Dijon étaient mixtes. Il en était de même du Parlement de Paris. Voyez plus haut, n° 54 *in fine*.

Voici maintenant le sens de cette distinction : la différence était simplement du plus ou moins dans l'application du droit romain. Les provinces du *midi*, qui étaient de *droit écrit*, donnaient la prééminence au droit romain : à défaut d'ordonnances, c'était le droit romain qui faisait loi. Dans les autres provinces, dites de *droit coutumier*, à défaut d'ordonnances, on suivait la coutume. Ce n'était que dans les cas exceptionnels, où la coutume elle-même était muette, que l'on recourait au droit romain. Et encore, y avait-il divergence, entre les divers pays de coutumes, sur le titre auquel on devait respecter cette législation romaine, si défigurée du reste, qui s'était conservée en France : les uns lui donnaient une autorité absolue, les autres une simple autorité de bon sens et d'interprétation.

Il serait curieux de rechercher comment la France a pu se diviser ainsi en pays de coutumes et en pays de droit écrit. Cette division, ainsi que nous l'avons expliqué plus haut, n° 54, s'opéra en quelque sorte d'elle-même et par la seule nature des choses. En effet, après les invasions, la race germanique dominait dans le nord par le nombre de ses membres, aussi bien que par ses lois, ses mœurs et son langage : la fusion entre elle et les anciens habitants du pays amena forcément sa prédominance. Dans le midi, au contraire, la population gallo-romaine resta la plus nombreuse, et elle absorba les quelques hommes de race étrangère, qui y avaient dominé un moment : la législation romaine y garda la prépondérance.

Rappelons également ici une observation précédemment faite. Jusqu'à l'époque de la féodalité, les lois sont *personnelles*, c'est-à-dire que l'on applique à chacun sa loi d'origine. Au moment où commence la période féodale, les lois ont cessé d'être personnelles, pour devenir *territoriales* : dès lors, elles varient, non plus suivant les personnes, mais suivant les pays : chacun est jugé d'après la loi du pays qu'il habite. Ce changement paraît avoir eu deux causes principales : d'une part, la fusion entre les peuples nouveaux que les invasions avaient amenés sur notre sol, et les anciens habitants du pays; d'autre part, la division du royaume en une série de fiefs indépendants du pouvoir royal.

63. Sans entrer dans le détail des monuments juridiques qui se sont produits du xe au xve siècle, il importe pourtant de signaler les plus importants; ce sont :

1° Les *Petri exceptiones legum Romanorum* ;
2° Les Assises de Jérusalem ;
3° Le Conseil de Pierre de Fontaines à un ami ;
4° Les Etablissements de saint Louis ;
5° Les Coutumes de Beauvoisis, par Beaumanoir ;
6° Le Livre de justice et de plets ;
7° Des Coutumiers divers ;
8° Les *Olim* du Parlement de Paris.

64. Les *Petri exceptiones legum Romanorum* étaient un extrait des lois romaines, composé dans le territoire de

Valence, vers la seconde moitié du XIe siècle, par un auteur dont on ne connaît guère que le nom de *Petrus*. Cet ouvrage, divisé en quatre livres, traite des personnes, des contrats, des délits, de la procédure.

65. Les *Assises de Jérusalem* forment une sorte de Code, rédigé à la fin du XIe siècle pour l'usage de l'Etat que les croisés venaient de fonder en Palestine. On y retrouve l'expression des coutumes suivies en France. Ce coutumier oriental comprenait deux parties : l'une pour les nobles, l'autre pour les bourgeois.

66. Le *Conseil de Pierre de Fontaines à un ami* est le plus ancien coutumier que nous possédions : il fut, paraît-il, rédigé vers 1253, pour servir à l'éducation du fils de saint Louis. Dans ce travail, l'auteur établit une sorte de parallèle entre le droit romain et le droit coutumier, et il semble avoir pour but de fusionner l'un et l'autre droit.

67. Les *Etablissements de saint Louis* peuvent être considérés, selon l'expression de Laurière, comme une espèce de « loy générale du droit françois et comme une espèce de Code. » Ils datent de l'an 1270, et se divisent en deux livres, sans que pourtant cette division soit amenée par l'ordre des matières qui y sont traitées. On y remarque une certaine tendance à réagir contre les principes de la féodalité. Les Etablissements comprennent toutes les parties du droit : le droit civil, le droit féodal, le droit criminel, la procédure, l'administration.

68. Les *Coutumes de Beauvoisis*, *par Beaumanoir*, forment le monument législatif le plus important du XIIIe siècle. Ce livre fut composé en 1283, et, malgré son titre restreint, il embrasse, ainsi que l'auteur le déclare lui-même, « le droit qui est communz à toz ès coutumes de France. » Il est divisé en soixante-dix chapitres renfermant chacun un traité complet sur une matière déterminée. Le droit civil forme la partie la plus considérable de l'ouvrage.

69. Le *Livre de justice et de plets* contient une tentative de conciliation entre le droit romain et le droit coutumier. On ne connaît point la date exacte de sa rédaction : mais il

a dû être composé vers le milieu du XIIIe siècle, par un auteur dont le nom est resté inconnu. L'ouvrage est divisé en vingt livres, dans lesquels sont distribuées toutes les matières dans l'ordre même du Digeste.

70. Il faut mentionner encore *divers coutumiers*, qui se sont produits dans les derniers temps de l'époque féodale ; ce sont :

1° Deux ouvrages de Jean Faber : *Commentarius in institutiones*, et *Breviarium in codicem* (première moitié du XIVe siècle);

2° Le *stylus parlamenti*, formulaire rédigé par Guillaume Dubreuil, avocat au Parlement, en 1330;

3° Les *anciennes coutumes de Normandie* et de *Picardie*, éditées par M. Marmier;

4° Les *décisions de Jehan Desmares* ou *Desmarets*, qui fut successivement avocat, conseiller au Parlement, avocat général sous Charles V et Charles VI, et périt, en 1383, victime de la haine des Armagnacs;

5° La *somme rurale* ou le *grand coutumier général de practique civil et canon*, ouvrage de Jehan Bouteiller, conseiller au Parlement de Paris, vers la fin du XIVe siècle. Cujas appelait ce livre *optimus liber* : il contient les notions les plus exactes sur le droit de l'époque;

6° Le *grand coutumier de Charles VI*, ou *grand coutumier de France*, dont l'auteur est inconnu : la rédaction elle-même ne saurait en faire présumer la date;

7° Le *songe du Verger* ou *de Duverger*, que M. Laboulaye appelle le *grand coutumier des libertés gallicanes*, et qui fut publié par l'ordre de Charles V, pour bien établir les limites entre le pouvoir temporel et le pouvoir spirituel.

71. Il reste à dire quelques mots des *olim* du Parlement de Paris. C'étaient les registres des arrêts rendus par la cour du roi sous les règnes de saint Louis, de Philippe le Hardi, de Philippe le Bel, de Louis le Hutin et de Philippe le Long. Les *olim* forment quatre volumes écrits en latin, sauf quelques pièces rédigées en français. Ils renferment des renseignements précieux sur l'histoire, l'ad-

ministration, l'économie politique, et en particulier sur le droit en vigueur au XIIIe siècle et au commencement du XIVe.

72. IV. Le droit canonique constitue la quatrième source du droit ancien. L'on sait quelle a été, au moyen-âge, la puissance de l'Eglise, et quel grand rôle elle a joué au point de vue politique. Son influence n'a pas été moindre au point de vue du droit. Les circonstances, d'ailleurs, s'y prêtaient singulièrement.

Dans un temps où partout dominait la force brutale, où fort souvent elle était invoquée même devant la justice civile, qui admettait les épreuves les plus singulières de l'eau et du feu, le duel en champ clos, etc., l'Eglise avait déjà une justice relativement éclairée et humaine.

La juridiction canonique offrait des modes de preuves raisonnables, des juges instruits, une législation douce. Elle admettait le principe de l'appel au métropolitain, puis au Pape. Aussi les justiciables préferaient-ils souvent la comparution devant les juges ecclésiastiques, à la comparution devant les juridictions civiles.

73. Ces circonstances facilitèrent le développement rapide de la juridiction ecclésiastique, qui, d'ailleurs, s'y prêtait à merveille, et finit par absorber la plus grande partie des procès. La juridiction canonique était compétente dans deux circonstances, et il était aisé d'y faire rentrer, à l'aide de la méthode dite de connexité, presque tous les cas litigieux : elle était compétente, soit *ratione personæ*, — soit *ratione materiæ*.

Elle était compétente d'abord *ratione personæ*, à raison des personnes. — Les juges ecclésiastiques connaissaient des causes intéressant les *clercs*, chaque fois qu'un clerc était défendeur. Ils connaissaient encore des causes intéressant les veuves ou les orphelins, placés plus immédiatement sous la protection de l'Eglise. Durant les croisades, toute affaire intéressant un croisé était portée devant eux.

La juridiction canonique était encore compétente *ratione materiæ*, à raison de l'objet du litige. — Tous les délits dits religieux, l'hérésie, l'usure, l'adultère ressortissaient des tribunaux ecclésiastiques : ces tribunaux connaissaient également de toutes les questions du mariage, de toutes les questions intéressant l'exécution des dispositions testamentaires. Ils devenaient même très-souvent compétents en matière d'*obligations*, à cause des serments : toutes les fois qu'un serment avait été prêté, la juridiction canonique revendiquait immédiatement l'affaire.

74. Il est facile de comprendre, par cet aperçu, comment la juridiction canonique, ainsi constituée, a pu exercer une influence indirecte, il est vrai, mais cependant considérable sur le droit civil : nous indiquerons bientôt les principes les plus importants qui lui ont été empruntés (Voyez *infra* n° 98).

75. Le droit appliqué par l'Eglise se composait d'une part de l'*élément romain*, cette raison écrite, dont toutes les législations ont reconnu la supériorité. D'autre part, il y avait l'*élément exclusivement chrétien*, composé d'un certain nombre de coutumes, éclairées par les décisions des conciles et les décrétales des Papes.

76. V. Les arrêts de règlement des Parlements constituent une cinquième source fort importante du droit français ancien. Chacun connaît le rôle considérable au point de vue politique, que les Parlements ont joué sous la monarchie. Ils ont fini par s'emparer à peu près du pouvoir, grâce au double avantage qui résultait pour eux de leur *permanence* et de l'*hérédité*.

77. Avec le temps, trois pouvoirs leur ont été définitivement attribués :

1° De pleins pouvoirs de police et le droit de rendre la justice ;

78. 2° Le droit d'enregistrer les ordonnances, par lequel les Parlements *participaient* à l'exercice de la puissance législative, et, comme conséquence, le *droit de remontrance*. — Lorsqu'un Parlement refusait absolument d'enregistrer une ordonnance, le roi envoyait d'abord des lettres de *jussion* ; puis des lettres d'*itérative jussion* ; enfin, quand

le Parlement persistait, le roi venait en personne tenir un *lit de justice*, et faisait enregistrer d'autorité les ordonnances (1);

79. 3° Enfin, les Parlements avaient le droit de rendre des *arrêts de règlement*, arrêts qui portent à peu près le même caractère que les *édits* des préteurs romains.

On appelait *arrêts de règlement*, certaines décisions solennelles, rendues par le Parlement, toutes chambres assemblées, et ayant pour objet de fixer, à titre de mesure générale, la solution d'une question de procédure, de droit civil ou canonique, ou même quelquefois de droit politique et international. Tant que le roi n'avait rendu aucune ordonnance contraire, ces arrêts de règlement avaient *force de loi* pour tous les tribunaux civils ou même ecclésiastiques situés dans le ressort du Parlement qui les avait rendus. Ils étaient publiés dans ces tribunaux comme les ordonnances royales, et formaient, aussi bien qu'elles, une source du droit français.

80. Cette situation a nécessairement pris fin avec l'existence même des Parlements, et aujourd'hui l'art. 5 du Code civil interdit aux corps judiciaires toute usurpation des fonctions législatives. C'est qu'en effet, le grand principe de la séparation des pouvoirs (2) forme la base de notre droit actuel.

81. *Les Etats généraux* ont aussi, de leur côté, exercé une sérieuse influence au point de vue du droit et de

(1) Toutefois l'exercice du droit de *remontrance* était fort gênant pour la royauté, et il est fort intéressant de voir comment il s'était introduit dans les mœurs, à ce point que jamais la royauté n'osa contester l'*existence* même de ce droit. L'histoire nous la montre se bornant à en contester seulement la *portée* et *l'étendue*. Voici le raisonnement à l'aide duquel les Parlements s'étaient arrogé le droit de remontrance : lorsqu'une ordonnance est rendue, on la notifie au Parlement, et c'est le Parlement qui ordonne son enregistrement. Or, dit-on, lorsque le Parlement ordonne quelque chose, il faut qu'il rende un arrêt. Tout arrêt suppose nécessairement une délibération : donc le Parlement a le droit de délibérer sur les ordonnances : d'où la conséquence que le droit de remontrance lui appartient. La royauté accepta ces prétentions, de l'exercice desquelles elle profita, du reste, quelquefois, notamment à propos du traité de Madrid, sous François Ier.

(2) Ce principe de la séparation des pouvoirs est nettement formulé par la Constitution du 3 septembre 1791, tit. III, chap. V, art. 1 et 3.

l'amélioration de nos institutions juridiques. (Voyez M. Arthur Desjardins, *Etude sur les Etats généraux*, p. 763 et suivantes, et M. Minier, *Précis historique du droit français*, p. 422, 670 et 710). Comparez le *Dictionnaire d'histoire et de géographie* de M. Bouillet, au mot *Etats généraux*. Nous nous bornerons ici à esquisser les grandes lignes en faisant connaître les décisions les plus importantes dans la sphère du droit.

On donna le nom d'*Etats généraux*, jusqu'en 1789, aux assemblées générales de la nation, composées de la réunion des députés des trois ordres, c'est-à-dire de la noblesse, du clergé et du tiers état.

La première assemblée qui prit officiellement ce titre fut convoquée en 1302 par Philippe IV, dit le Bel, à l'occasion de ses démêlés avec le pape Boniface VIII. La mission de ces assemblées se borna, du reste, jusqu'en 1789, à voter les impôts et à délibérer sur les mesures soumises par le roi, sans exercer jamais le pouvoir législatif autrement que par voie de pétition et de doléances. C'était le roi qui ensuite répondait, suivant son bon plaisir, aux vœux des députés, par voie d'ordonnance. Les ordonnances rendues à cette occasion ne cadraient pas toujours avec les vœux exprimés ; il y avait toutefois dans ces réunions des Etats généraux, au gré de la royauté, un acheminement à une représentation nationale plus parfaite.

Les Etats généraux, dans leurs cahiers, avaient déjà posé, au moment de la Révolution de 1789, presque toutes les bases du droit public moderne.

Nous les voyons en 1302 affirmer l'indépendance de la couronne vis à vis du pouvoir spirituel.

De 1314 à 1356, ils proclament la nécessité du concours des trois ordres pour l'établissement des aides et pour les mesures concernant l'administration générale du royaume.

En 1356 et 1357, ils démontrent le droit de la nation au maintien de la spécialité dans l'emploi des impôts votés, et à la vérification des comptes. Ils demandent le retour, périodique et à époque fixe, des Etats pour voter les aides.

Ils vont jusqu'à soutenir le droit du peuple à résister, en fait, aux officiers et comptables exacteurs. Ils déclarent que nul ne peut être légitimement distrait de ses juges naturels.

En 1380, les rois sont invités par les Etats généraux à respecter les immunités, noblesses, franchises, libertés, priviléges, constitutions, usages et coutumes du pays.

En juillet 1438, les Etats se prononcent pour le maintien des libertés de l'Eglise gallicane (pragmatique sanction). (Comparez M. de Fresquet, *Sources du droit français*, p. 179, 180 et suivantes.)

En janvier 1483, ils proclament la souveraineté de la nation représentée par ses députés. C'est aux Etats assemblés qu'il appartient de pourvoir à la garde du souverain quand il est mineur et à la conservation du royaume. On déclare que les impôts sont *dons* et *octrois*, sans qu'on puisse dorénavant les appeler tailles. On demande encore la réunion périodique des Etats et la nomination de députés commissaires pour surveiller la répartition et la levée des impôts. Le tiers état surtout insistait, dans ces cahiers, sur l'application nécessaire de ces principes.

Enfin le 5 mai 1789, les Etats généraux s'ouvrent de nouveau sous l'influence de la célèbre brochure de l'abbé Sieyès : « Qu'est-ce que le tiers état? Rien. — Que doit-il être? Tout. — Que veut-il être? Quelque chose. » Bientôt, à la suite de divers incidents politiques qu'il est inutile de rappeler ici, se produit le fameux serment du Jeu de paume (20 juin 1789) et à la date du 27 juin, sur l'invitation même de Louis XVI, les trois ordres se réunissent en assemblée Constituante. Nous verrons bientôt, en nous occupant du droit intermédiaire, quels furent les principaux décrets de l'Assemblée nationale constituante (1).

82. Les développements qui précèdent suffisent à mon-

(1) Ce fut le décret des 13-17 juin 1791 qui détermina nettement les fonctions du pouvoir législatif et ses relations avec le roi : comparez la constitution des 3-14 septembre 1791, chap. III, sections 2 et 3. (Dans les décrets ou lois de cette époque portant deux dates, l'on sait que la première date indique le jour du vote, et la seconde le jour de la sanction royale.)

trer les inconvénients considérables de la diversité extrême de législation qui existait avant 1789. Aussi l'unité dans les lois avait-elle été l'objet des préoccupations constantes de la royauté et de ses conseillers les plus éclairés; (Voyez pour les détails M. de Fresquet, *Sources du droit français*, p. 150 à 164). Charlemagne, Louis XI, Richelieu avaient désiré cette unité, sans toutefois pouvoir la réaliser efficacement dans la pratique. C'est la Révolution de 1789 qui accomplit ce progrès. (Voyez le décret de l'Assemblée nationale du 5 juillet 1790; ajoutez le titre 1 de la Constitution des 3-14 septembre 1791.) Nous y reviendrons bientôt.

83. Nous devons maintenant donner quelques détails sur la vie et les œuvres de trois jurisconsultes français, dont les travaux ont exercé une influence prépondérante, lors de la rédaction du Code civil. Nous voulons parler de Dumoulin, de Domat et de Pothier.

Dumoulin puisa, dans le droit romain, les principes d'unité et d'harmonie qu'il voulait introduire dans la société féodale, si morcelée par la variété infinie des usages. En commentant la coutume de Paris, il fixa les principales règles du droit français; en élaborant le droit coutumier, il prépara les travaux de Pothier et lui fraya la route. Chacun de ses ouvrages dégagea des principes qui dominent dans notre Code. C'est à ses écrits, en effet, que plusieurs articles de ce Code ont été empruntés : on peut citer comme exemple la section *des obligations divisibles et indivisibles*, qui comprend les articles 1217 à 1225. Pothier, que les rédacteurs du Code ont pris pour guide, s'était borné à analyser le long traité de Dumoulin intitulé *De dividuo et individuo, sive extricatio labyrinthi*. On peut encore trouver, dans les œuvres de Dumoulin, l'interprétation de certaines théories admises dans le droit moderne. C'est ainsi que, pour bien comprendre la foi due aux actes authentiques (art. 1319 à 1320, Code civ.) et les effets de l'authenticité, il est indispensable de se reporter au commentaire de Dumoulin sur la coutume de Paris, titre des fiefs. (Voyez

M. Minier, *Précis historique du droit français*, p. 591 et suivantes.)

Domat, avocat du roi au présidial de Clermont, est l'auteur des *lois dans leur ordre naturel*. Une partie seulement de cet ouvrage fut imprimée pendant la vie de l'auteur; la publication ne fut terminée qu'en 1696, c'est-à-dire après sa mort. Domat, auquel Boileau donne le nom de *restaurateur de la raison dans la jurisprudence*, fut l'ami de Pascal et l'auteur du *Traité des lois*. L'idée qui domine dans les *lois civiles* est la distinction entre le droit et la législation ; l'auteur fait remonter toutes les lois à un principe immuable, à la grande unité spirituelle.

L'œuvre juridique de Domat est précédée d'une philosophie du droit, dont l'Evangile est la base. La loi morale tout entière, quelque loin qu'elle puisse s'étendre, est ramenée à un seul principe, la charité. C'est à cette hauteur de vues qu'il se place pour exposer les théories du mariage, de la puissance maritale et paternelle, des sociétés et des engagements en général. Il regarde la transmission des biens dans les familles comme une conséquence directe et nécessaire de l'ordre établi par Dieu. Tout en voulant faire pénétrer la charité, cette vertu chrétienne, dans les règles du droit civil, il reconnaît que l'imperfection de la nature humaine a rendu indispensable la promulgation, par l'autorité temporelle, de textes qui ne doivent être que la reproduction des lois naturelles. Quatre colonnes, selon lui, soutiennent l'édifice social ébranlé par les désordres qui se produisent chaque jour : la religion chrétienne, la Providence, l'autorité (et par là il entend tout pouvoir naturel ou délégué dans les familles, les associations, l'Eglise et l'Etat), enfin les lumières naturelles de la raison.

Domat termine sa philosophie du droit en reconnaissant que certains points, étant purement arbitraires, ne rentrent pas dans le domaine du droit immuable ; mais il enseigne qu'en réglant ces matières mêmes, le législateur doit consulter les principes d'équité et de justice, dont il ne peut jamais s'écarter.

Après l'exposition des principes philosophiques, dont on s'était peu préoccupé avant lui, le jurisconsulte-législateur entre dans le domaine du droit civil proprement dit. Sans établir un parallèle entre le droit romain et le droit français, il emprunte aux recueils de Justinien les principes qui sont en rapport avec la loi naturelle, et en épure les subtilités au creuset de la raison : « La science des lois, dit-il, n'est autre chose que l'art du discernement de la justice et de la raison. » (*Traité des lois,* ch. XI, *in fine.*)

Il nous reste à faire connaître l'œuvre juridique de *Pothier*. Nous allons prendre encore ici pour guide le *Précis historique du droit français* de M. Minier, page 601 et suivantes. Jurisconsulte d'une science profonde, cherchant l'utilité immédiate dans l'application, Pothier résume, simplifie et éclaire les travaux de Cujas et de Dumoulin. Il est le *vulgarisateur* de la science, suivant l'heureuse expression de M. Troplong ; il est le jurisconsulte éminemment populaire. Ses traités sont la manifestation continue des principes d'équité et de la lumière chrétienne, dont il cherche toujours à éclairer la discussion. Les œuvres de Pothier consistent en traités spéciaux qu'il avait d'abord composés pour le besoin de ses propres études : presque toutes les matières du droit civil y sont passées en revue : la vente, le contrat de rente, le louage, la société, le prêt, le mandat, le dépôt et la communauté furent publiés de 1762 à 1771 ; la mort le surprit quand il achevait son traité sur le domaine de propriété, en 1772.... Son chef-d'œuvre est le traité des obligations, qui parut en 1761, après le commentaire de la coutume d'Orléans. Tout ce que la raison humaine peut produire de bon, de vrai, et d'équitable se trouve dans ce traité, écrit dans un style simple, mais toujours clair comme tout ce qui est sorti de la plume de Pothier. — Les rédacteurs du Code civil ont fait de larges emprunts aux traités de Pothier pour tous les contrats en général ; mais c'est surtout dans le traité des obligations qu'ils ont puisé à pleines mains; il est encore le meilleur commentaire de nos lois actuelles.

Nous arrivons maintenant à l'étude du droit intermédiaire ou révolutionnaire.

DEUXIÈME PÉRIODE

Le droit intermédiaire.

84. La deuxième période de l'histoire du droit français s'étend du 17 juin 1789 au 31 décembre 1804, époque de la promulgation du Code civil. Elle porte le nom de *droit intermédiaire* ou *droit révolutionnaire*, et comprend, avec la partie non abrogée de la législation ancienne, cette foule immense de lois et de décrets, émanant des divers pouvoirs qui se sont succédé en France dans l'intervalle de ces quinze années.

85. Une double tendance distingue la législation intermédiaire : l'une vers les réformes, l'autre vers l'unité. En effet, d'une part, elle anéantit entièrement les usages, les lois et les coutumes du passé, et y substitue des règles nouvelles plus en harmonie avec les principes philosophiques et humanitaires; d'autre part, elle veut établir en France l'unité dans les lois comme dans le gouvernement.

86. Cette œuvre de réformation et d'unification de la législation française fut commencée par l'Assemblée nationale constituante (5 mai 1789 — 30 septembre 1791). C'est elle qui a posé les assises de l'édifice, en proclamant les principes qui devaient servir de point de départ pour les travaux ultérieurs. Ses principaux actes, dans la sphère du droit, peuvent se résumer dans les cinq points suivants :

1° Elle a effacé les derniers vestiges de la féodalité par l'abolition des privilèges (nuit du 4 août 1789), et elle a ainsi fondé l'égalité civile de tous les Français;

2° Elle a posé le principe de la séparation du pouvoir temporel et du pouvoir spirituel : désormais ils doivent exister, à côté l'un de l'autre, dans une indépendance réciproque ;

3° Elle a affranchi la propriété territoriale de toutes les redevances seigneuriales, de toutes les charges et droits réels qui la grevaient ;

4° Elle a ouvert le pays aux étrangers par l'abolition des droits d'aubaine et de détraction (6 août 1790) ;

5° Dans l'ordre de la famille, elle a fait du mariage un contrat exclusivement civil, et qui doit être reçu par des officiers civils en dehors de toute intervention religieuse : elle a encore posé le principe du partage égal des successions *ab intestat*.

Le 30 septembre 1791, l'Assemblée nationale constituante déclarait sa mission terminée, et se séparait, après avoir su à la fois détruire et, ce qui est plus remarquable, poser les bases de la réédification. Comparez M. Eschbach, *Introduction générale à l'étude du droit*, pag. 395 et suivantes.

87. Le premier octobre 1791, l'*Assemblée législative* succéda à la constituante : mais elle lui fut inférieure en mérite. Son œuvre toutefois ne fut pas entièrement stérile, au point de vue de la législation française, et elle réalisa plusieurs des projets de sa devancière. Ainsi :

1° Elle a définitivement sécularisé les actes de l'état civil (Loi du 20 septembre 1792, tit. 1, art. 1) ;

2° Elle a réglé, d'une manière uniforme, l'âge de la majorité, en le fixant à 21 ans pour tous les Français (Loi du 20 septembre 1792, tit. IV, sect. 1, art. 2) ;

3° Elle a établi le divorce, mais sur des bases beaucoup trop larges, compromettant ainsi singulièrement les mœurs publiques : elle admettait, en effet, le divorce par consentement mutuel (Loi du 20 septembre 1792, tit. IV, sect. 5). De plus la loi du 20 septembre 1792, portait atteinte à la liberté de conscience des catholiques, en n'admettant pas la séparation de corps, seul remède dont, en cas d'infortunes conjugales, les catholiques puissent user sans trahir leur foi religieuse (1);

4° Elle a constitué l'adoption, en la comprenant dans le plan de réformes des lois civiles (Loi du 18 janvier 1792);

5° Enfin, c'est l'Assemblée législative qui a ordonné le partage de tous les biens communaux (Loi du 14 août 1792), et la vente de tous les biens de main-morte appartenant, soit à l'ordre ecclésiastique, soit même à l'ordre séculier (Loi du 28 octobre 1790).

88. L'Assemblée législative termina ses travaux le 21 septembre 1792. Elle fut remplacée par la *Convention nationale*, dont le premier acte fut de proclamer la déchéance de Louis XVI et l'abolition de la royauté en France. On se rappelle les événements historiques de l'époque : la France envahie, l'agitation partout : telle était la situation du pays au moment où se réunissait la nouvelle assemblée : aussi l'on sait avec quelle farouche énergie elle s'est imposée, et comment elle a gouverné par la terreur et la dictature. Les préoccupations politiques dominaient tout alors. Aussi, au point de vue législatif, l'on peut affirmer que l'influence de la Convention fut à peu près nulle : son action fut plutôt politique que législative, et la plupart de ses décrets sont empreints d'un esprit dictatorial, poussé souvent jusqu'à la rigueur la plus extrême.

Il importe toutefois de signaler :

1° La création du calendrier républicain, qu'un décret du 25 septembre 1792 substitua au calendrier grégorien. Le point de départ de ce nouveau calendrier était le 22 sep-

(1) Le Code civil de 1804, dans les art. 229 à 311, a voulu faire de l'éclectisme et établir une sorte de transaction entre les principes opposés. A cet effet, il a établi *cumulativement* le divorce et la séparation de corps, permettant ainsi aux adeptes des différents cultes de choisir celui des procédés qui se trouverait le mieux en harmonie avec leurs convictions religieuses. Les travaux préparatoires de cette partie du Code trahissent à chaque instant la pensée du législateur, de faire de la séparation de corps le divorce des époux catholiques. La loi du 8 mai 1816, art. 1, a complétement aboli le divorce; et le seul remède qui existe aujourd'hui aux infortunes conjugales est la séparation de corps. Nous sommes, sur ce point, revenus aux règles de l'ancien droit français avant 1789.

tembre, jour de la proclamation de la République. Voici, du reste, la correspondance des deux calendriers : nous empruntons les détails, que nous allons donner ici, à M. Mourlon (*Répétitions écrites de Code civil*, t. I, n° 40, notes 1 et 2). La *Convention*, dit M. Mourlon, abolit définitivement le calendrier grégorien par un décret du 24 novembre 1793. Elle lui substitua le calendrier *républicain*, établi sur des bases entièrement nouvelles, et en harmonie avec le système décimal, auquel on s'efforçait alors de tout ramener. Le point de départ de ce calendrier fut fixé au 22 septembre 1792 de l'ère vulgaire, jour de la proclamation de la République. Le calendrier républicain, comme le calendrier grégorien, se compose de douze mois ; mais chacun de ces mois comprend un nombre identique de trente jours. Ces douze mois sont suivis de cinq jours (six dans les années bissextiles), appelés *jours complémentaires*, parce qu'ils complètent, en effet, l'année. (Dans le calendrier grégorien, cette addition des jours complémentaires est inutile, puisqu'ils se trouvent répartis dans le courant de l'année, les mois se composant alors de trente, trente et un, vingt-huit ou vingt-neuf jours, selon que les années sont bissextiles ou non.) Les mois sont partagés en trois *décades*, composées de dix jours chacune.

Voici la correspondance des mois du calendrier républicain avec les mois du calendrier grégorien :

1er vendémiaire	22 septembre.
1er brumaire.	22 octobre.
1er frimaire	21 novembre.
1er nivôse.	21 décembre.
1er pluviôse	20 janvier.
1er ventôse	20 février.
1er germinal	22 mars.
1er floréal.	21 avril.
1er prairial.	21 mai.
1er messidor	20 juin.
1er thermidor.	20 juillet.
1er fructidor	19 août.

Le 30 fructidor tombe le 17 septembre ; il y a alors cinq jours complémentaires, et six dans les années bissextiles. Lorsqu'une année est bissextile, les six premiers mois ne subissent aucune altération ; les six autres commencent un jour plus tôt. Ainsi :

1er germinal . . . . 21 mars.
1er floréal. . . . . 20 avril.
1er prairial. . . . . 20 mai.
1er messidor. . . . . 19 juin.
1er thermidor. . . . . 19 juillet.
1er fructidor. . . . . 18 août.

L'ère républicaine ayant commencé le 22 septembre 1792, il suffit, lorsqu'on veut connaître l'année correspondante du calendrier grégorien, d'ajouter à l'année 1792 le chiffre de l'année républicaine cherchée. Supposons que l'on veuille chercher l'an VIII de la République : l'on devra calculer de la manière suivante :

Année première de la République. . .	1792
Ajoutez. . .	8
Total. . . .	1800

L'année demandée est précisément l'année 1800.

Ainsi les années I, II, III, IV..., XII, de la République correspondent aux années 1793, 1794, 1795, 1796..., 1804, du calendrier grégorien. — La concordance des jours des deux calendriers est facile à trouver. Chaque mois républicain est à cheval sur deux mois grégoriens. Ainsi le mois de vendémiaire commence le 22 septembre, et finit le 21 octobre ; il se compose, par conséquent, de neuf jours pris sur le mois de septembre, et de vingt et un pris sur le mois d'octobre. Les 2, 3, 4, 5..., 9 du mois de vendémiaire correspondent donc aux 23, 24, 25, 26..., 30, du mois de septembre. Les 10, 11, 12..., 30, du mois de vendémiaire font les 1er, 2, 3..., 21, du mois d'octobre. — Le calendrier républicain a duré treize ans et cent jours, du 22 septembre 1792, au 1er janvier 1806 (1).

(1) Comparez, pour les détails sur le calendrier républicain, M. Dalloz,

Telle a été l'œuvre de l'Assemblée législative, au point de vue de la supputation des jours, mois et années. Nous passons à l'indication de la suite de ses décisions. Nous devons signaler :

2° Le bannissement à perpétuité des émigrés français, (Décr. du 23 octobre 1792) : la sanction de cette loi était la peine de mort pour tous ceux qui rentreraient sur le territoire de la république ;

3° La loi des suspects (Décr. du 17 septembre 1793), qui faisait dépendre la vie des citoyens d'un mot imprudent ou d'une action méchamment interprétée : car, dit M. Thiers (*Hist. de la révolution*, t. v, ch. 4), « Le tribunal extraordinaire, quoique organisé de manière à frapper sur de simples probabilités, ne rassurait pas assez l'imagination révolutionnaire.... On voulait que, sur la simple dénonciation des comités révolutionnaires, un individu déclaré suspect pût être sur-le-champ jeté en prison ; »

4° Les emprunts forcés, qui devaient être levés sur les riches citoyens, et former une somme de un milliard, pour couvrir les dépenses occasionnées par la guerre (Décr. du 20 mai 1793) ;

5° Enfin l'abolition presque entière du droit de tester par la loi du 17 nivôse an II : cette loi ne permettait plus au père de famille de disposer que du dixième de ses biens. Mais ce qui surtout a provoqué les protestations générales, c'est qu'au mépris de toutes les règles du droit, on la fit rétroagir jusqu'au 14 novembre 1789.

Il nous reste à faire connaître la constitution politique, que la Convention légua à la France : ce fut la constitution du 5 fructidor an III (22 août 1795), laquelle établit le *Directoire*.

89. La constitution *directoriale* a commencé, en réalité, à fonctionner le 8 brumaire an III (30 octobre 1795). Les pouvoirs législatif et exécutif, un moment confondus dans la main de la Convention, se trouvent alors séparés. Un

Répertoire de législation et de jurisprudence, au mot *ère moderne*, n°s 18 à 37 avec les annotations.

corps législatif, appelé le Conseil des Cinq-Cents, est chargé de proposer les lois, et un conseil dit des anciens, composé de deux cent cinquante membres, a pour mission d'approuver ou de rejeter les propositions des Cinq-Cents. Le pouvoir exécutif est délégué à un *directoire* de cinq membres, nommés par le Corps législatif : c'est lui qui est chargé de la promulgation des lois.

Nous devons au gouvernement directorial deux lois importantes :

1° La loi du 11 brumaire an VII sur le régime hypothécaire. Ce fut cette loi qui organisa la transcription pour les transmissions immobilières. Le Code civil abandonna ce principe ; mais une loi postérieure du 23 mars 1855 l'a remis en vigueur ;

2° La loi du 22 frimaire an VII sur l'enregistrement. Cette loi fait table rase de toutes les législations précédentes, et statue à nouveau sur la matière. C'est encore aujourd'hui, du reste, la loi fondamentale ; elle n'a été modifiée par des lois postérieures que sur des points secondaires et de détail.

Nous avons donc, à ce moment, la plupart des matériaux nécessaires pour édifier une bonne législation : il ne reste plus qu'à les coordonner. Le directoire n'eut pas l'énergie nécessaire pour cette grande œuvre : c'est au consulat qu'il va être réservé d'y mettre la dernière main.

90. Le *consulat* succéda au directoire le 19 novembre 1799. On sait comment le général Bonaparte, à la suite du coup d'Etat du 18 brumaire an VIII, se trouva le seul maître des destinées de la France. Le 22 frimaire de la même année, une nouvelle constitution organisa définitivement le gouvernement consulaire. Le pouvoir n'est plus fractionné ; la centralisation est la base du gouvernement.

Voici, en peu de mots, quel était le mécanisme de la constitution politique du 22 frimaire an VIII, qui a présidé à la rédaction de notre Code civil.

Le *pouvoir exécutif* était centralisé entre les mains de trois consuls, Bonaparte, Cambacérès et Lebrun, élus pour dix ans et indéfiniment rééligibles.

Sous la direction des consuls, le *conseil d'Etat* discutait et rédigeait les projets de loi et les règlements d'administration publique. C'était à l'aide d'orateurs pris dans son sein, que le gouvernement consulaire exerçait l'initiative des lois. Le projet était ensuite soumis au *tribunat*, qui émettait un vœu de rejet ou d'adoption, après la discussion en assemblée générale. Enfin la loi était portée devant le *Corps législatif*, qui la *votait*, après avoir entendu contradictoirement trois orateurs députés par le conseil d'Etat, et trois orateurs députés par le tribunat. Le gouvernement était libre, en tout état de discussion, de retirer un projet et de le reproduire avec des modifications.

Une loi, bien que décrétée par le Corps législatif, n'était point encore parfaite. Le tribunat pouvait, dans les dix jours qui suivaient le décret d'adoption, la déférer au *Sénat conservateur* et en provoquer la nullité, dans le cas où elle violait la constitution. Mais si le tribunat n'usait pas de ce droit, ou si le Sénat maintenait le décret attaqué, la loi était complète, et il ne restait plus qu'à la promulguer. Ce soin regardait le premier consul, après l'expiration du délai légal.

Voilà, rapidement esquissé, le mécanisme de la constitution du 22 frimaire an VIII.

L'un des premiers actes des consuls, au point de vue législatif, fut de provoquer l'abrogation de la loi inique sur les successions (loi du 17 nivôse an II), qui, on se le rappelle, ôtait au père de famille le droit de disposer de plus du dixième de sa fortune, alors même que sa libéralité se serait exercée en faveur de l'un de ses propres enfants. La loi du 17 nivôse an II fut abrogée par la loi du 4 germinal an VIII. Bientôt après, les consuls se préoccupèrent de la rédaction d'un Code civil national.

TROISIÈME PÉRIODE

Le droit nouveau.

91. C'est sous l'empire de la constitution consulaire que fut définitivement codifié le droit privé de la France et que fut enfin fondée efficacement l'unité de législation. Le gouvernement réalisait ainsi un vœu déjà ancien. Nous avons vu, en effet, la pensée d'uniformité dans la législation préoccuper les esprits dès l'époque de l'ordonnance de Montil-les-Tours, et tous les efforts des jurisconsultes avaient, depuis, constamment tendu vers ce but. La révolution française hâta l'accomplissement de ce grand progrès. L'Assemblée constituante, dans un article de la constitution des 3-14 septembre 1791, promit officiellement la confection d'un Code civil commun à tout le royaume ; mais l'Assemblée législative ne remplit pas cet engagement.

92. L'idée fut reprise par la *Convention*, dans l'intérêt des principes démocratiques : l'art 85 de la constitution du 24 juin 1793 portait : « Le Code des lois civiles et criminelles est uniforme pour toute la république. » Le 9 août suivant, Cambacérès apportait un premier projet de Code civil : la discussion commença le 22. Mais ce projet n'aboutit pas, parce qu'il fut considéré comme *trop peu démocratique*. On était d'ailleurs alors en pleine terreur, et les esprits manquaient du calme nécessaire pour formuler une bonne législation.

93. Deux autres projets furent encore présentés par Cambacérès, l'un à la date du 23 fructidor an III, l'autre sous la date du 24 prairial an IV. Mais ni l'un ni l'autre ne purent être discutés à cause des circonstances politiques.

Outre les trois projets Cambacérès, dont il vient d'être parlé, il faut en mentionner encore un quatrième, présenté, le 30 frimaire an VIII, au Conseil des Cinq-Cents, par le représentant Jacqueminot. Ce dernier projet, qui est souvent désigné par le nom de son auteur, eut le même sort que les précédents.

94. Enfin, le 24 thermidor an VIII, sous le gouvernement consulaire, un arrêté des consuls chargea une commission d'étudier les travaux antérieurs, et de préparer un projet de Code civil. Les quatre commissaires nommés étaient : MM. Tronchet, président du tribunal de cassation; Bigot-Préameneu, commissaire du gouvernement près le même tribunal; Portalis, commissaire au conseil des prises; et Malleville, membre du tribunal de cassation, remplissant les fonctions de secrétaire rédacteur. La commission fut généralement présidée par le premier consul.

Le travail, d'après l'arrêté, devait être terminé dans la dernière décade de brumaire an IX, et présenté à cette époque aux consuls par le ministre de la justice. On se mit à l'œuvre, et la volonté de Bonaparte fut accomplie : « A force de travail, dit M. Malleville, nous parvînmes à faire un Code civil en quatre mois; il fut achevé d'imprimer le 1er pluviôse an IX. »

95. Ce projet fut ensuite communiqué au tribunal de cassation et aux tribunaux d'appel. La commission, voulant s'éclairer des lumières du pays, avait cru devoir solliciter les observations critiques des hommes les plus versés dans la pratique. Ces observations, fort judicieuses d'ailleurs, furent soigneusement recueillies et imprimées par ordre du gouvernement, et elles eurent une heureuse influence sur la discussion.

Au mois de juillet suivant, le projet fut présenté au conseil d'Etat, qui procéda de la manière suivante. Chaque titre était d'abord examiné par la section de législation, en présence des commissaires rédacteurs. Le tribunat était *officieusement* consulté. Puis le projet revenait de nouveau, avec les observations du tribunat, devant le conseil d'Etat, qui, cette fois, le discutait en assemblée générale, et arrêtait la rédaction définitive. Chacun des titres du projet était ensuite successivement porté par le gouvernement devant le Corps législatif, soumis officiellement au tribunat, et enfin décrété par le Corps législatif, qui le votait, après avoir entendu la discussion soutenue devant lui par les orateurs du conseil d'Etat et par ceux du tribunat.

96. Il importe toutefois de faire connaître un incident qui suspendit, pendant quelques mois, les travaux préparatoires du Code. Il y avait, parmi les membres du tribunat et du Corps législatif, un certain nombre d'hommes qui regrettaient l'état de choses antérieur, et cherchaient tous les moyens de faire de l'oppositiou au pouvoir existant. La discussion du Code leur parut une excellente occasion de combattre les idées du premier consul, qui avait personnellement exercé sur sa confection la plus grande influence. Bonaparte, en effet, avait assisté à la plupart des séances du conseil d'Etat, et il avait déployé, en les présidant, dit M. Thiers, « une méthode, une clarté, souvent une profondeur de vues qui étaient, pour tout le monde, un sujet de surprise. » (M. Thiers, *Hist. du consulat et de l'empire*, t. III, pag. 298). Il avait ainsi singulièrement contribué à l'achèvement prompt et intelligent de ce magnifique travail.

L'examen du Code servit donc de prétexte aux attaques les plus acerbes, et finalement le titre préliminaire, voté à une très-faible majorité par le tribunat, fut définitivement rejeté par le Corps législatif. Ce fut alors que le premier consul, voyant que le même sort attendait le titre *de la jouissance et de la privation des droits civils*, prit un parti énergique. Le 12 nivôse an X, il adressa au Corps législatif un message par lequel il annonçait le retrait momentané des projets de Code civil, jusqu'à l'époque où l'on serait en mesure d'apporter « dans ces grandes discussions *le calme et l'unité d'intention* qu'elles demandent. »

97. Mais ce ne fut là qu'un retard de quelques mois. Un arrêté des 22 ventôse et 10 germinal an X, ayant éliminé du tribunat les membres de l'opposition, on reprit l'œuvre com-

mencée. Les différents projets, dont l'ensemble devait constituer le Code civil, furent successivement présentés et votés séparément ; puis, à mesure qu'ils étaient votés, on les promulguait de suite. Enfin le lendemain du vote du dernier projet, la loi du 30 ventôse an XII (21 mars 1804), réunit les diverses lois en un seul corps, en adoptant un ordre plus méthodique que celui dans lequel elles avaient été votées. Chacune de ces lois forme aujourd'hui un titre particulier. L'article 4 de la loi du 30 ventôse an XII établit la division du Code civil en un titre préliminaire, et trois livres : le premier livre, intitulé *des personnes*, contient onze titres ; le second, intitulé *des biens et des différentes modifications de la propriété*, en renferme quatre ; enfin le troisième, intitulé *des différentes manières dont on acquiert la propriété*, en comprend vingt.

La France était dès lors dotée d'un Code unique, devant régir tous les Français, sans aucune distinction. Le dernier article de cette même loi du 30 ventôse an XII, l'article 7, fonde l'unité de législation dans les termes suivants : « A compter du jour où ces lois sont exécutoires, les lois romaines, les ordonnances, les coutumes générales ou locales, les statuts, les règlements cessent d'avoir force de loi générale ou particulière dans les matières qui sont l'objet desdites lois composant le présent Code. »

Nous arrivons ainsi à l'appréciation théorique du Code civil : il convient, en effet, de faire connaître les sources principales auxquelles ses rédacteurs ont puisé et le plan qui a été suivi. Les tendances générales de notre législation actuelle doivent être étudiées avec soin. Quel est l'esprit du Code civil ? Quels sont les principes fondamentaux que nous y trouvons consacrés ? Telles sont les questions importantes à résoudre.

98. Le droit d'un peuple ne se forme pas en un seul jour. Précisément parce qu'il est l'expression la plus haute de la civilisation, il en subit toutes les vicissitudes : il se modifie, se développe et se perfectionne avec elle, et l'on a eu raison de dire qu'une bonne législation est toujours

l'œuvre du temps et de l'expérience. Suivant la belle image du poëte antique, chacun ici bas, dans l'intérêt du progrès des idées, reçoit en quelque sorte le flambeau des mains du voyageur qui le précède, pour le remettre à celui qui le suit :

Et quasi cursores vitaï lampada trahunt.

Dans la sphère du droit, le présent est le fils du passé et le père de l'avenir. Les rédacteurs du Code civil n'ont point méconnu ces vérités : en même temps qu'ils apportaient d'utiles innovations, ils tenaient également compte des notions transmises par les anciens docteurs. Comparez MM. Aubry et Rau, t. I, § 15 et 16, p. 24 et 25 ; — M. Laurent, *Principes de droit civil français*, t. I, nos 19 à 30. — Voyez aussi notre *Notion du droit et de l'obligation*, n° 11, p. 19. Aussi le véritable caractère du Code civil est-il de constituer une œuvre de transaction, dans la composition de laquelle, ses rédacteurs ont accepté, à côté des idées nouvelles, un grand nombre d'idées anciennes, en les coordonnant de manière à former un tout harmonique et scientifique. On peut ramener aux six suivantes, les principales sources auxquelles la commission du Code civil a puisé : le droit romain, — les anciennes coutumes françaises, — les ordonnances royales, — la jurisprudence des Parlements, — le droit intermédiaire ou révolutionnaire, — enfin le droit canon.

Il serait assez difficile de préciser nettement pour quelle part ces éléments divers sont entrés dans la confection du Code civil : nous essaierons d'ailleurs de nous en rendre le compte le plus exact possible, en étudiant les diverses dispositions des textes.

Nous nous bornerons à signaler ici les principaux vestiges du droit canon ; ils se retrouvent surtout en matière de mariage : nous lui devons, par exemple, le grand principe de l'indissolubilité de l'union conjugale, les règles sur le mariage putatif (art. 201 et 202), la théorie des empêchements au mariage (art. 161 et suivants), l'idée de l'établissement des registres de l'état civil, dont la tenue régulière intéresse, à un si haut point, les familles et la société tout entière (art. 34 et suivants). C'est encore dans le droit canonique que l'on a puisé le principe, consacré par l'art. 130 du Code de procédure civile, d'après lequel celui qui succombe dans une instance est condamné aux dépens. Nous signalerons aussi la limitation (si vivement attaquée de nos jours par les économistes) du taux de l'intérêt de l'argent par la loi du 3 septembre 1807 : car cette limitation trouve son origine première dans les prohibitions rigoureuses et absolues des Décrétales émanant des Papes.

99. Enfin, il convient d'indiquer sommairement quelques principes fondamentaux (la plupart de droit nouveau), lesquels servent de base au Code civil envisagé, comme nous le faisons actuellement, au point de vue de son esprit et de ses tendances générales. Ces principes sont surtout les quatre suivants :

100. 1° *Egalité de tous les Français devant la loi.* — Ce grand principe fut proclamé, pour la première fois, par l'Assemblée nationale dans la fameuse *Déclaration des droits de l'homme*, art. 1er. Ainsi donc, aujourd'hui, plus de priviléges de castes, plus de prééminence de l'aîné sur le puîné, des fils sur les filles, de l'homme en général sur l'homme ; plus de prérogatives seigneuriales ; plus de droits d'aînesse et de masculinité en matière de succession : tous les Français sont égaux devant la loi.

101. 2° *Séparation absolue* du droit civil et du droit ecclésiastique : — *le droit civil reste indépendant des croyances religieuses :* — Non pas, que notre loi française, suivant une expression demeurée célèbre, *soit athée :* mais c'est que le législateur humain, renfermé dans les limites étroites du temps et de la durée, est obligé de se préoccuper avant tout de l'intérêt général et de l'utilité commune ; il a cru devoir dès lors s'élever au-dessus des idées particulières, pour formuler celles seulement des règles de morale, qui deviendraient *légalement* obligatoires, parce que leur observation est plus immédiatement essen-

tielle à la marche et au progrès des sociétés. Aussi, a-t-on dit que, sans être athée, *la loi était et devait rester laïque.* Elle est *une* pour tous, elle est obligatoire pour tous les citoyens, quelles que soient les persuasions intimes de chacun : elle ne pourrait, sans aboutir à l'intolérance et à la tyrannie, adopter une profession de foi exclusive : aussi veut-elle garder la plus complète neutralité, laissant à chaque citoyen la responsabilité de ses convictions, et respectant son indépendance et ses croyances particulières.

102. 3° *Troisième principe* fondamental, sur lequel reposent les préceptes du Code civil : — *Respect de la liberté individuelle, et garantie de l'inviolabilité de la propriété*, ou, plus généralement, inviolabilité de la personne humaine, au double point de vue des manifestations de sa liberté, et du droit de propriété. L'excellence et la nécessité de semblables principes se démontrent suffisamment par elles-mêmes, sans qu'il soit besoin de les justifier longuement. Le mot célèbre, *la propriété, c'est le vol*, n'est en réalité qu'un paradoxe : « L'expérience, d'accord avec nos instincts, dit M. Bélime (*Traité du droit de possession et des actions possessoires*, p. 3, n° 2), nous apprend que l'idée de la propriété est un de ces sentiments innés dans le cœur de l'homme. Prenez-le avant toute éducation, à l'âge même où il est incapable des distinctions abstraites : vous trouverez déjà cette idée gravée dans sa conscience; il sait qu'il reste propriétaire, même quand sa chose est dans les mains d'un autre. Ne voyons-nous pas chaque jour des enfants, qui ne parlent pas encore, réclamer les objets qui leur appartiennent, et si quelqu'un s'en empare, trahir par leur colère le sentiment impérieux de la propriété violée dans leur personne? Ils ne confondent pas le fait de la détention matérielle avec la propriété, démentant ainsi, par le cri de leur conscience, les paralogismes d'une fausse philosophie. » (Comparez notre *Notion du droit et de l'obligation*, p. 22.)

103. 4° Enfin, pour que jamais on ne pût arrêter la libre circulation des biens, ni compromettre l'égalité devant

la loi, le législateur a pris soin de *défendre toute convention particulière tendant à établir d'une manière permanente l'inégalité des fortunes.* Je me borne à mentionner ici les art. 896 et 913, que nous étudierons plus tard en détail : — L'art. 896, qui prohibe, en thèse ordinaire, les substitutions, c'est-à-dire tout acte par lequel on voudrait transmettre ses biens à une personne, par l'intermédiaire d'un tiers obligé de conserver et de rendre ; — l'art. 913, qui détermine une quotité disponible, au delà de laquelle le père de famille ne peut rien donner à des étrangers, au préjudice de ses propres enfants.

104. Je dois toutefois observer que, dans la pratique, l'on arrive souvent, au moyen des titres au porteur, à éluder ces règles. Comparez, sur ce point, notre *Traité de la possession des meubles et des titres au porteur*, introduction et nos 8, 61, 147 et suivants.

105. Le Code civil est, du reste, plein d'imperfections, en ce qui touche la législation applicable aux meubles. Le législateur de 1804 a subi l'influence des idées anciennes et de l'adage, *res mobilis*, *res vilis* : il ne prévoyait pas le merveilleux développement de la richesse mobilière auquel nous avons assisté, grâce aux immenses progrès réalisés par la science et l'industrie.

Un autre défaut, signalé par MM. Aubry et Rau, (t. I, § 16, p. 27), se fait sentir « dans le régime hypothécaire : la multiplicité des procès auxquels il a donné lieu, les pertes incalculables qu'il a fait éprouver aux capitalistes, justifient suffisamment les réclamations dirigées contre cette partie de la législation et les modifications qui y ont été apportées. » Toutefois, des améliorations fort considérables ont été introduites, dans cette matière, par la loi du 23 mars 1855 sur la transcription. Comparez M. Acollas, *Manuel de droit civil*, t. I, Introduction, p. 36, et l'*Idée du droit*, (brochure in-8°), p. 34 à 35.

Quoi qu'il en soit de ces imperfections et de quelques autres dans le détail desquelles le temps ne nous permet pas d'entrer, le Code civil, depuis soixante et dix ans bientôt qu'il est promulgué, a été incessamment appliqué ou commenté : et il semble vraiment qu'il lui soit réservé d'obtenir la glorieuse destinée du droit romain, en devenant le Code du monde civilisé. Les pays qui nous environnent l'ont plus ou moins complétement adopté : naguère encore l'Italie y adhérait solennellement, en y introduisant toutefois plusieurs réformes de détail, qui semblaient, dans ce nouveau royaume, commandées par les progrès de la civilisation et les exigences du temps. Comparez, sur la législation civile de l'Italie, M. Huc (2 vol. 1868), M. P. Gide (1 broch. 1866), et M. G. Boissonade, (*Revue pratique de droit français*, t. XXVI, p. 67 à 96). Il y a plus : la plupart des pays qui étaient incorporés à la France, sous le premier empire, ont *conservé* notre Code civil, et, sauf quelques modifications, il est demeuré en possession d'une souveraineté incontestée. Voyez *les cinq Codes* en vigueur en Belgique (édition de 1865, annotée par M. A. Delebecque). Comparez M. Laurent, *Principes de droit civil français*, t. I, n°s 19 à 24. Ajoutez notre *Notion du droit et de l'obligation*, pag. 28.

106. Il faut passer maintenant à l'exposition du plan matériel et de l'économie générale du Code civil. Il convient aussi d'indiquer les différentes éditions officielles qui ont été faites de ce Code.

Le Code civil comprend 2281 articles. Il est divisé en trois livres. Chacun de ces livres contient un certain nombre de titres, qui se décomposent eux-mêmes en chapitres, sections de chapitres et paragraphes.

Le Code civil s'ouvre par un titre préliminaire, intitulé : *De la publication, des effets, et de l'application des lois en général*. Ce titre, comme l'indique d'ailleurs la rubrique qu'il porte, contient des dispositions essentiellement générales, et qui n'ont aucune affinité particulière avec le droit privé. C'est une sorte d'introduction à la législation universelle de la France, et plusieurs des principes qui s'y trouvent rapportés, appartiennent au droit public et politique. Comparez notre *Notion du droit et de l'obli-*

gation, pag. 29, n° 14 et l'avant-propos de notre *Etude sur la promulgation des lois et des décrets.*

Le premier livre, (art. 7 à 515), est consacré aux personnes. C'est là que le législateur pourvoit à l'organisation de la société française. Il distingue les nationaux et les étrangers (art. 7 à 33). Il s'occupe des actes de l'état civil (art. 34 à 101), et du domicile (art. 102 à 111). Il pose les règles applicables aux absents (art. 112 à 143). Là encore, le législateur fonde le mariage civil, il indique ses effets, et il pose les principes qui doivent présider à sa formation et à sa dissolution (art. 144 à 311). Puis, il réglemente la famille, les rapports de paternité et de filiation, légitime, naturelle ou adoptive (art. 312 à 370); il constitue, dans l'intérêt des incapables, la puissance maritale, la puissance paternelle et tout le système des différentes tutelles, qui doivent servir de garantie et de protection à ceux que leur âge, leurs infirmités ou leurs passions désordonnées, mettent hors d'état de se garder et de se préserver eux-mêmes. Voyez les art. 371 à 515 et 212 à 226.

Le livre deuxième (art. 516 à 710) traite des biens et des différentes modifications de la propriété. Là sont énumérés les principaux droits réels, avec la distinction des biens (art. 516 à 543), et sont traités avec étendue le droit de propriété (art. 544 à 577), les droits de jouissance, usufruit, usage et habitation (art. 578 à 636), enfin les servitudes ou services fonciers (art. 637 à 710).

Le livre troisième (art. 711 à 2281) s'occupe des différentes manières dont on peut acquérir la propriété, les autres droits réels et les droits de créance (art. 711 à 717), par succession (art. 718 à 892), par donation (art. 893 à 1100), par l'effet des obligations (art. 1101 à 1386) et des divers contrats usités entre les hommes et sanctionnés par la loi, savoir notamment : le contrat de mariage (art. 1387 à 1581), la vente (art. 1582 à 1701), l'échange (art. 1702 à 1707), le louage (art. 1708 à 1831), la société (art. 1832 à 1873), le prêt (art. 1874 à 1914), le dépôt (art. 1915 à 1963), les conventions aléatoires (art. 1964 à 1983), le mandat (art. 1984 à 2010), le cautionnement (art. 2011 à 2043), la transaction (art. 2044 à 2058). Nous trouvons ensuite un titre consacré à la contrainte par corps (art. 2059 à 2070). Cette institution a été depuis supprimée, du moins en matière commerciale et civile, par la loi du 22 juillet 1867. Les quatre derniers titres du Code civil s'occupent du nantissement (art. 2071 à 2091), des priviléges et hypothèques (art. 2092 à 2203), de l'expropriation forcée et des ordres entre les créanciers (art. 2204 à 2218), enfin de la prescription (art. 2219 à 2281).

Le Code civil a été ainsi distribué par la loi du 30 ventôse an XII (21 mars 1804), art. 1 à 6. L'art. 7 de cette célèbre loi a fondé définitivement l'unité de législation, en décidant que, à compter du jour où les lois composant le nouveau Code seraient exécutoires, les lois romaines, les ordonnances, les coutumes générales ou locales, les statuts, les règlements cesseraient d'avoir force de loi générale ou particulière, dans les matières formant l'objet desdites lois ainsi codifiées. Comparez M. R. de Fresquet, *Précis d'histoire des sources du droit français*, pages 218 et suivantes : ajoutez M. Laurent, t. I, n°s 25 et suivants.

Depuis 1804, le Code civil a subi divers remaniements partiels, exposés par M. de Fresquet (p. 220), de la manière suivante : « D'abord, dit l'éminent professeur, lorsque l'empire eut succédé au consulat, on fit une nouvelle édition en vertu de la loi du 3 septembre 1807, pour mettre le langage en harmonie avec l'organisation politique ; le premier consul devint l'empereur ; le gouvernement, la République, la nation, sont appelés l'empire, l'Etat, etc. Les procureurs impériaux remplacèrent les commissaires du gouvernement...... Le changement le plus important, opéré à ce moment, concerne le nom qu'on doit employer à l'avenir : on ne dira plus le Code civil des Français, mais bien le CODE NAPOLÉON. M. Bigot-Préameneu, rapporteur de la loi du 3 septembre 1807, donnait une raison assez curieuse pour justifier cette substitution de l'intitulé nouveau au titre ancien : Le titre de Code civil des Français suffisait, disait-il, lorsque son exécution était bornée aux limites de l'empire; mais lorsqu'il s'est propagé chez plusieurs autres peuples, il a été nécessaire qu'il portât le titre propre à caractériser la loi de chaque pays. Déjà ce Code a été publié en plusieurs contrées sous un titre dont le choix aurait été inspiré par la seule reconnaissance, si ce n'était d'ailleurs un hommage rendu par la vérité à celui à qui ce grand ouvrage doit sa naissance..... Par tous ces motifs, et par les sentiments qui animent plus particulièrement les Français pour leur empereur, le Code civil sera pour eux plus que pour tout autre peuple, le Code Napoléon, et on ne saurait douter qu'il ne soit contre leur vœu de lui laisser plus longtemps un autre nom. Cette loi du 3 septembre 1807 contenait, en outre, deux modifications apportées aux articles 17, § 3, et 896, § 2. Sous la restauration, le 17 juillet 1816, le roi Louis XVIII ordonna qu'on fît une nouvelle édition de tous les Codes. Le Code Napoléon redevint le Code civil (1) : les dénominations impériales disparurent et furent remplacées par les formules royalistes que l'on trouve encore dans les textes. En effet, depuis cette époque, il n'y a pas eu d'autre édition officielle du Code. Seulement un décret du 27 mars 1852 a décidé dans son article premier : « *Le Code civil prendra la dénomination de* Code Napoléon. » Nous sommes encore à ce point, au mois de janvier 1876, sous la République française (2). Comparez, sur ces détails, M. Laurent, *Principes de droit civil français*, nos 14 à 18.

107. Voici maintenant la liste des documents législatifs les plus importants, qui forment, aujourd'hui, partie intégrante du Code : il a été rendu, en effet, depuis la rédac-

(1) M. Mourlon (*Répétitions écrites*, t. I, p. 29, n° 38 *in fine*) définit le Code civil, « la collection de trente-six lois qui, après avoir été successivement décrétées et promulguées sous l'empire de la Constitution du 22 frimaire an VIII, ont été méthodiquement réunies par le législateur lui-même en un seul corps destiné à former notre droit privé et ordinaire. »

(2) Toutefois l'usage s'est introduit de dire, dans la pratique « *le Code civil*, » bien que la dénomination de Code Napoléon n'ait pas été législativement abrogée.

tion du Code civil, différentes lois ou décrets, qui ont *modifié* ou *complété*, sous des rapports plus ou moins essentiels, ses dispositions fondamentales. Nous citerons, d'après l'ordre chronologique :

1° La loi du 3 septembre 1807, qui a limité le taux de l'intérêt à 5 0/0 en matière civile, et à 6 0/0 en matière commerciale ;

2° La loi du 8 mai 1816, sur l'abolition du divorce ;

3° La loi du 14 juillet 1819, relative à l'abolition des droits d'aubaine et de détraction ;

4° La loi du 17 mai 1826, sur les substitutions ;

5° La loi du 21 mars 1832, sur le recrutement, dont l'art. 32 modifie l'art. 374 du Code civil ;

6° La loi du 16 avril 1832, qui modifie l'art. 164 ;

7° La loi du 17 avril 1832, sur la contrainte par corps ;

8° La loi du 12 mai 1835, sur les majorats ;

9° La loi du 20 mai 1838, concernant les vices rédhibitoires dans les ventes et échanges d'animaux domestiques ;

10° La loi du 30 juin 1838, sur les aliénés ;

11° La loi du 29 avril 1845, sur les irrigations ;

12° La loi du 11 juillet 1847, sur le droit d'appui en matière d'irrigation ;

13° La loi du 13 décembre 1848, sur la contrainte par corps ;

14° La loi du 22 mars 1849, qui modifie l'art. 9 ;

15° La loi des 17 janvier, 30 avril et 7 mai 1849, sur les majorats et les substitutions ;

16° La loi des 13-21 novembre et 3 décembre 1849, sur la naturalisation ;

17° La loi des 17 juin, 2 et 10 juillet 1850, relative à la publicité des contrats de mariage ;

18° La loi des 15-22 novembre et 6 décembre 1850, relative au désaveu de paternité, en cas de séparation de corps ;

19° La loi des 22-29 janvier et 7 février 1851, concernant les individus nés en France d'étrangers, qui eux-mêmes y sont nés, et les enfants des étrangers naturalisés ;

20° La loi du 31 mai 1854, portant abolition de la mort civile ;

21° La loi du 10 juin 1854, sur le libre écoulement des eaux provenant du drainage ;

22° La loi du 23 mars 1855, sur la transcription en matière hypothécaire, qui toutefois n'est devenue exécutoire qu'à partir du 1er janvier 1856 ;

23° La loi du 29 juin 1867, relative à la naturalisation ;

24° La loi du 22 juillet 1867, relative à la contrainte par corps ;

25° Le sénatusconsulte du 8 septembre 1869, qui apporte quelques modifications aux conditions de présentation, discussion et vote des lois ;

26° Le décret du 8 novembre 1869, concernant les rapports entre le gouvernement de l'empereur, le Sénat, le Corps législatif et le conseil d'Etat;

27° La loi du 12 août 1870, relative au cours forcé des billets de la Banque de France ;

28° Les décrets du 26 octobre et du 19 novembre 1870, relatifs à la naturalisation des étrangers qui ont pris part à la guerre contre la Prusse ;

29° Le décret du 5 novembre 1870, relatif à la promulgation des lois et décrets, qui modifie l'art. 1 du Code civil ;

30° La loi du 12 mai 1871, qui déclare inaliénables les propriétés publiques ou privées saisies ou soustraites à Paris pendant la Commune ;

31° La loi du 26 mai 1871, relative aux prescriptions et péremptions en matière civile ;

32° La loi du 10 juillet 1871, relative au mode de suppléer aux actes de l'état civil du département de la Seine, détruits dans la dernière insurrection ;

33° La loi du 19 juillet 1871, relative à la nullité des actes de l'état civil à Paris et dans le département de la Seine depuis le 18 mars 1871 ;

34° La loi du 23 août 1871, sur le même objet ;

35° Le décret du 2 septembre 1871, relatif à la forme de promulgation des lois et à la formule exécutoire des arrêts et jugements;

36° La loi du 19 décembre 1871, sur la contrainte par corps en matière de frais de justice criminelle;

37° La loi du 12 février 1872, relative à la reconstitution des actes de l'état civil de Paris;

38° La loi du 25 mai 1872, sur le même objet;

39° La loi du 15 juin 1872, relative aux titres au porteur;

40° La loi du 27 juillet 1872, sur le recrutement de l'armée;

41° La loi du 10 décembre 1874, ayant pour objet de rendre les navires susceptibles d'hypothèques;

42° La loi du 16 décembre 1874, modificative de la loi des 7-12 février 1851, concernant les individus nés en France d'étrangers qui, eux-mêmes, y sont nés;

43° La loi du 5 janvier 1875, ayant pour objet d'assurer la conservation des registres hypothécaires, et d'en faciliter la reconstitution partielle;

44° La loi des 25-28 février 1875 relative à l'organisation des pouvoirs publics;

45° La loi des 24-28 février 1875, relative à l'organisation du sénat;

46° La loi du 5 juin 1875, relative à la reconstitution des actes de l'état civil de Paris;

47° La loi des 16-18 juillet 1875 sur les rapports des pouvoirs publics;

48° La loi du 28 juillet 1875, relative à la consignation judiciaire;

49° La loi du 3 août 1875, relative à la reconstitution des actes de l'état civil de Paris;

50° Le décret du 10 août 1875, relatif à la pêche.

108. Après le Code civil, d'autres Codes ont été successivement promulgués. Ce sont :

1° Le Code de commerce, en 1807;

2° Le Code de procédure, en 1808;

3° Le Code pénal, en 1810.

4° Le Code d'instruction criminelle, en 1810.

Ces différents Codes ont été aussi complétés et modifiés par plusieurs lois successives, dans l'énumération desquelles nous n'entrerons pas ici (Comp. MM. Aubry et Rau, t. 1er, §§ 17 à 22, 4e édit., p. 27 à 42).

Les Codes dont nous venons de parler forment, avec le Code civil, ce qu'on est convenu d'appeler les cinq Codes français. Il y a encore le Code forestier, dont on ne fait point, dans les écoles de droit, une étude spéciale, mais dont la connaissance peut être souvent fort utile : il n'a été voté et promulgué que plus tard, en 1827.

CHAPITRE DEUXIÈME

[Chapitre *quatrième* de l'introduction *générale* (1), philosophique et historique.]

Notions générales sur l'organisation actuelle des pouvoirs publics français.

109. Nous n'avons pas à entrer ici dans beaucoup de détails sur l'organisation des pouvoirs publics : cette matière rentre plus directement dans les cours de procédure civile et de droit administratif. Toutefois il est indispensable de donner quelques notions générales, utiles à connaître pour bien suivre les développements du cours de Code civil.

110. Enumérons d'abord les différentes lois constitutionnelles qui, sous le nom de *constitutions* ou *chartes*, se sont succédé en France depuis 1789; en voici la série chronologique :

Constitution des 3-14 septembre 1791 ;

Constitution républicaine du 24 juin 1793;

Constitution directoriale du 5 fructidor an III;

(1) Voyez *suprà* l'avant-propos, p. 5 et 6.

Constitution consulaire du 22 frimaire an VIII ;

Sénatusconsultes organiques des 14 et 16 thermidor an X, — du 28 floréal an XII, — du 19 août 1807;

Charte constitutionnelle du 4 juin 1814 ;

Acte additionnel du 22 avril 1815 ;

Charte constitutionnelle du 14 août 1830;

Constitution républicaine du 4 novembre 1848 ;

Constitution impériale du 14 janvier 1852, combinée avec divers sénatusconsultes, notamment : le sénatusconsulte organique de l'empire du 7 novembre 1852, — les sénatusconsultes du 25 décembre 1852, — du 2 février 1861, — du 31 décembre 1861, — du 18 juillet 1866, — du 8 septembre 1869. — Ajoutez un décret impérial du 8 novembre 1869, réglant les rapports entre le gouvernement de l'empereur, le sénat, le corps législatif et le conseil d'Etat.

111. Signalons enfin les lois constitutionnelles des 25-28 février 1875, relative à l'organisation des pouvoirs publics ; — des 24-28 février 1875, relative à l'organisation du sénat; — des 16-18 juillet 1875, réglant les rapports des pouvoirs publics. La constitution qui nous régit aujourd'hui est une constitution républicaine, promulguée dans les lois que nous venons de citer en dernier lieu. Elle comporte un chef du pouvoir exécutif, portant le titre de *Président de la République*, avec une chambre des députés et un sénat (1).

112. Quelle est maintenant la base de cette organisation des pouvoirs en France ? On peut dire qu'elle repose tout entière sur la théorie de la souveraineté nationale, qui est l'antipode de la théorie du droit divin ou de la légitimité. La théorie du droit divin, en effet, est un principe suivant lequel, tout pouvoir venant de Dieu, le dépositaire de la puissance publique devient sacré, et n'a de comptes à rendre de sa conduite qu'à la divinité : « Dieu, disait Bossuet, a fait les rois, les princes, ses

(1) La loi électorale est actuellement en préparation à l'Assemblée nationale et sera incessamment promulguée par le gouvernement.

lieutenants sur la terre, afin de rendre leur autorité *sacrée* et *inviolable*. » En partant de ce principe, on arrive à l'absolutisme, et le mot de Louis XIV « *l'Etat, c'est moi!* » n'en est plus que la conséquence rigoureuse.

Aujourd'hui, l'on n'admet plus cette théorie du droit divin; notre législation constitutionnelle accepte, au contraire, celle de la souveraineté nationale ou populaire, qui consiste à décider que la souveraineté réside chez le peuple, c'est-à-dire dans le corps électoral, et qu'elle y est à titre imprescriptible et inaliénable. Mais comme, en fait, le peuple ne peut pas lui-même *exercer* cette souveraineté, il en délègue *l'exercice* à un chef ou à un ensemble de pouvoirs : les chefs d'Etat ne sont donc que les *délégués* responsables du peuple. Ils n'ont aucun droit antérieur, ni supérieur.

113. Le gouvernement s'exerce à l'aide de deux pouvoirs également nécessaires dans toute société organisée : celui qui *ordonne* (le pouvoir législatif), et celui qui *applique* (le pouvoir *exécutif*). L'existence de ces deux pouvoirs est puisée dans la nature même des choses : le *pouvoir régulateur*, qui embrasse la société dans son ensemble, ne saurait être chargé de *l'exécution* des règlements qu'il prescrit dans l'intérêt commun, sans être exposé à perdre, dans les détails de la pratique, un temps précieux pour le bien-être de tous. D'autre part, l'unité des pouvoirs mènerait vite à l'absolutisme et au despotisme. C'est ce que Montesquieu a fort bien vu, quand il a dit : « Lorsque, dans la même personne ou dans le même corps de magistrature, la puissance législative est réunie à la puissance exécutive, il n'y a point de liberté, parce qu'on peut craindre que le même monarque ou le même sénat ne fasse des lois tyranniques, pour les exécuter tyranniquement. » (*Esprit des lois*, liv. XI, chap. 6. — Comparez M. Pradier-Fodéré, *Précis de droit administratif*, pag. 2 et 3.)

114. D'après la loi des 25-28 février 1875, le pouvoir *législatif* est exercé, en France, par la chambre des dé-

putés et le sénat (art. 1 et 3). Le Président de la République promulgue les lois. Le conseil d'Etat intervient pour élaborer les projets de loi émanant de l'initiative du gouvernement ou d'un député.

115. Le pouvoir *exécutif* comprend deux éléments distincts : le pouvoir *administratif* et le pouvoir *judiciaire*. Le mode de fonctionnement de ces deux pouvoirs diffère à trois points de vue :

1° Le pouvoir *administratif* a pour objectif l'intérêt public ; il dispose spontanément, il agit sans être provoqué, et, ne se proposant pour but que l'intérêt social, il prend toutes les mesures qui lui paraissent intéresser l'universalité des citoyens; — le pouvoir *judiciaire*, au contraire, règle les intérêts privés : il ne statue qu'autant qu'il est préalablement saisi d'une contestation actuellement existante ; il n'agit pas spontanément, et ses décisions sont relatives ou particulières.

2° Le pouvoir *administratif*, qui consulte l'utilité générale, se dirige d'après des considérations d'équité ou de simple convenance ; — le pouvoir *judiciaire* prononce toujours sur des droits positifs, et il fonde ses arrêts sur des titres, des témoignages authentiques, des règles écrites et absolues ;

3° Le pouvoir *administratif* est ordinairement rapide, simple et susceptible de se modifier suivant les circonstances ; — le pouvoir *judiciaire* est, au contraire, environné de formes rigoureuses, lentes et solennelles.

Nous arrivons ainsi à un principe fondamental du droit moderne : nous voulons parler du principe de la séparation des pouvoirs, dont l'importance pratique est considérable.

116. Le principe de la séparation des pouvoirs consiste en ceci : le pouvoir administratif et le pouvoir judiciaire ont des sphères d'action séparées et nettement délimitées ; leurs attributions sont parfaitement distinctes, et ces pouvoirs ne peuvent jamais être réunis dans les mêmes mains : « Les fonctions judiciaires sont distinctes, dit la loi des 16-

24 août 1790 sur l'organisation judiciaire, et demeureront toujours séparées des fonctions administratives. Les juges ne pourront pas, à peine de forfaiture, troubler de quelque manière que ce soit les opérations des corps administratifs, ou citer devant eux les administrateurs à raison de leurs fonctions. » Suivant l'art. 3, titre III, chapitre V de la Constitution du 3 septembre 1791, « les tribunaux ne peuvent ni s'immiscer dans l'exercice du pouvoir législatif, ou suspendre l'exécution des lois, ni entreprendre sur les fonctions administratives, ou citer devant eux les administrateurs à raison de leurs fonctions. » Un décret de la Convention du 16 fructidor an III défend « aux tribunaux de connaître des actes d'administration, de quelque espèce qu'ils soient, aux peines de droit. » Si nous jetons les yeux sur les législations étrangères, nous rencontrons le même principe. (Voyez M. Pradier-Fodéré, *Précis de droit administratif*, page 9, note. 1.)

La théorie de la séparation des deux pouvoirs, administratif et judiciaire, repose d'abord sur la nature même des choses. Il faut, en effet, distinguer, en matière gouvernementale, la volonté et l'action : de même que les individus, les nations *veulent* et *agissent* : le pouvoir qui ordonne ne saurait être chargé en même temps de procurer l'exécution des ordres donnés. D'ailleurs une autorité régulatrice, qui devrait elle-même pourvoir à l'exécution de ses prescriptions, perdrait dans les détails un temps précieux. Il faut prendre garde, en outre, d'établir des pouvoirs absolus et sans pondération : « Le règlement des affaires publiques ne saurait, dit M. Pradier-Fodéré (*Précis de droit administratif*, p. 9), être remis à un pouvoir qui résiste à toute influence.... Si l'administration se substituait à la justice, elle serait exposée à subordonner les droits privés à l'intérêt public, à méconnaître, en vue du salut de l'Etat, la propriété, la liberté, et à mettre l'arbitraire à la place du droit. Le jour où la justice tomberait entre les mains de l'administration, il n'y aurait plus pour les citoyens ni garanties, ni sécurité. »

117. Quelles sont maintenant les conséquences pratiques du principe de la séparation des pouvoirs ? M. Pradier-Fodéré (*Précis de droit administratif*, p. 10 et 11), en signale cinq, que nous pouvons ramener aux trois suivantes :

1° Les juges ne peuvent pas citer devant eux un administrateur pour *faits relatifs à ses fonctions ;*

2° Il leur est défendu de troubler les opérations administratives et de connaître des actes de l'administration ;

3° En cas d'élévation d'un conflit d'attributions, les tribunaux de l'ordre judiciaire doivent surseoir, jusqu'à ce qu'il ait été statué sur la compétence.

La sanction du principe de la séparation des pouvoirs se rencontre dans les articles 127, n° 2, et 128 à 130 du Code pénal.

118. Le pouvoir exécutif se trouve aujourd'hui concentré entre les mains du Président de la République. Quant au mode d'exercice de ce pouvoir, il est réglé par des lois récentes. L'art. 3 de la loi des 25-28 février 1875, dispose que « le Président de la République a l'initiative des lois, concurremment avec les membres des deux chambres. Il promulgue les lois lorsqu'elles ont été votées par les deux chambres ; il en surveille et en assure l'exécution. — Il a le droit de faire grâce ;.... — Il dispose de la force armée. — Il nomme à tous les emplois civils et militaires. — Il préside aux solennités nationales ; les envoyés et les ambassadeurs des puissances étrangères sont accrédités auprès de lui. — Chacun des actes du Président de la République doit être contresigné par un ministre. » L'art. 9 de la loi des 16-18 juillet 1875 ajoute : « Le Président de la République ne peut déclarer la guerre sans l'assentiment préalable des deux chambres. » Aj. les art. 7 et 8 de la même loi.

119. L'autorité administrative est déléguée à certains agents du gouvernement. Ces agents sont :

120. 1° Les *ministres*, dont l'action s'étend sur tout le territoire, mais n'embrasse que les matières qui sont de leurs ressorts respectifs ;

121. 2° Les *préfets*, qui ont autorité sur un département tout entier;

122. 3° Les *sous-préfets*, dont l'autorité est limitée à un arrondissement;

123. 4° Les *maires*, qui sont chargés de l'administration d'une commune.

124. Outre les agents du gouvernement, il y a aussi des tribunaux administratifs. C'est d'abord le *conseil d'Etat*, dont l'organisation et les attributions sont déterminées par plusieurs lois récentes : Voy. loi des 24-31 mai 1872, et décret des 21-25 août 1872; loi des 1er-4 août 1874, et décret des 12-14 août 1874.

Les fonctions du conseil d'Etat sont multiples, et il intervient notamment dans quatre cas : il donne son avis : 1° sur les projets de lois que l'Assemblée nationale lui renvoie; 2° sur les projets de loi préparés par le gouvernement; 3° sur les règlements d'administration publique; 4° il statue souverainement sur les recours en matière contentieuse administrative, et sur les demandes d'annulation pour excès de pouvoirs formés contre les actes des diverses autorités administratives.

125. Nous trouvons ensuite le *conseil de préfecture*, placé par la loi organique de l'administration à côté du préfet, et chargé de statuer sur les affaires administratives contentieuses (Voy. loi du 21 juin 1865).

126. Dans chaque département, il y a un *conseil général*, qui choisit dans son sein une *commission départementale*, pour le suppléer pendant le temps où il ne siége pas (Lois du 10 août 1871, du 15 février 1872, et du 31 juillet 4 août 1875).

Dans chaque arrondissement, il y a aussi un *conseil d'arrondissement* (Loi du 10 mai 1838), et dans chaque commune un *conseil municipal* (Loi du 24 juillet 1867, et loi des 7-10 juin 1873).

Tous ces conseils sont à la fois des assemblées consultatives et délibérantes.

127. Le *pouvoir judiciaire* est délégué à la magistrature

(Voy. loi des 16-24 août 1790). La direction en est confiée au ministre de la justice, qui porte aussi le nom de garde des sceaux.

La justice est rendue par des tribunaux de différents ordres.

Il y a les tribunaux dits *ordinaires* (tribunaux d'arrondissement et cours d'appel), et les tribunaux dits *d'exception* (justices de paix, tribunaux de commerce, conseils de prud'hommes), suivant que leur compétence est générale, ou qu'elle est restreinte à certaines matières.

128. Chaque tribunal exerce sa juridiction sur une certaine portion du territoire : c'est ce qui constitue le *ressort* de ce tribunal. Ainsi, il y a :

Une justice de paix par canton ;

Un tribunal de première instance par arrondissement (1);

Une cour d'appel pour un ou plusieurs départements ;

Une cour d'assises par département ;

Une cour de cassation pour toute la France.

Il y a aussi des tribunaux de commerce dans les villes où les besoins du commerce l'exigent. Ainsi, tel arrondissement pourrait très-bien avoir deux tribunaux de commerce, tandis que tel autre n'en aurait pas du tout : dans ce cas, le tribunal de première instance tient les audiences commerciales (2). On trouve également dans les centres industriels, des conseils de prud'hommes, pour régler les contestations entre patrons et ouvriers.

129. Il y a, pour les affaires susceptibles d'être portées devant les tribunaux, deux degrés de juridiction, suivant que ces tribunaux jugent en première instance ou en appel, c'est-à-dire en premier ou en dernier ressort. Les tribunaux d'appel sont :

Le tribunal d'arrondissement, pour les justices de paix ;

Le tribunal de commerce, pour les conseils de prud'hommes ;

(1) Excepté à Paris, où il y a un tribunal de première instance, divisé en plusieurs chambres, pour le département de la Seine tout entier : il porte le nom de tribunal civil de la Seine.

(2) C'est ce qui a lieu notamment à Douai, où une audience par semaine est consacrée aux affaires commerciales.

La cour d'appel, pour les tribunaux d'arrondissement et de commerce.

La cour de cassation est en dehors de ces divisions; elle ne forme pas un troisième degré de juridiction : elle se borne à *casser* la décision qui lui est déférée, et qu'elle ne trouverait pas conforme aux règles du droit; mais elle ne lui substitue pas un autre jugement. Comparez M. Mourlon, *Répétitions écrites de procédure civile*, n° 874.

130. La magistrature se compose d'un double élément : il y a la magistrature *assise*, et la magistrature *debout*. La magistrature *assise* comprend les juges des tribunaux et les conseillers des cours. — La magistrature *debout* comprend les membres du ministère public, c'est-à-dire : les procureurs généraux, leurs substituts, et les avocats généraux dans les cours; les procureurs de la République et leurs substituts dans les tribunaux de première instance ou d'arrondissement.

131. Divers officiers ministériels servent d'auxiliaires à la magistrature ; ce sont : les greffiers, huissiers, avoués et avocats devant les tribunaux ordinaires, et les agréés devant les tribunaux de commerce. Pour les détails, voyez M. Mourlon, *Répétitions de procédure civile*, n°s 4 à 28; — M. Camuzet, *Manuel de procédure civile*, pag. 1 à 15 ; — MM. Boitard et Colmet-Daage, n°s 27 à 72.

132. Il faut dire aussi quelques mots d'un autre tribunal, qui existait déjà sous l'ancienne jurisprudence, et qui a été conservé dans les temps modernes : c'est la cour des comptes, dont l'organisation et les attributions sont réglées par les lois du 16 septembre 1807, du 6 juin 1843, et par les décrets du 12 décembre 1860 et du 19 mars 1866.

La cour des comptes a une double mission : elle *juge* et elle *contrôle*.

D'une part, c'est un tribunal administratif chargé de la vérification de la gestion des comptables de l'Etat ; d'autre part, elle est un corps politique chargé de contrôler les lois de finances et d'en surveiller l'exécution.

133. Il reste enfin à faire connaître en peu de mots ce

qu'était la Haute-Cour de justice, qui a existé sous l'empire, mais qui n'a pas été conservée dans nos institutions. (Voyez la Constitution du 14 janvier 1852, art. 54-55, le sénatus-consulte des 10-13 juillet 1852, le décret du 4 juin 1858).

La Haute-Cour de justice était compétente à raison des *personnes* et à raison de la *nature des faits*.

Ce tribunal politique était d'abord compétent à raison des *personnes* : si les crimes ou délits avaient été commis par des princes de la famille impériale, des ministres, des grands-officiers de la couronne, des grands-croix de la Légion d'honneur, des ambassadeurs, des sénateurs ou des conseillers d'Etat ;

A raison de la *nature des faits* : s'il s'agissait d'attentats contre la vie de l'Empereur ou de complots contre la sûreté de l'Etat.

En tout cas, la Haute-Cour ne pouvait être réunie qu'en vertu d'un décret. Elle se composait alors de deux chambres : une chambre des mises en accusation et une chambre de jugement ; puis d'un haut jury, composé de trente-six membres et pris parmi les conseillers généraux des départements. Les peines devaient être prononcées conformément aux dispositions du Code pénal.

134. En dernière analyse, voici quelles sont les sources de notre droit français actuel ; elles peuvent être ramenées à cinq : 1° les lois ; 2° les décrets du Président de la République ; 3° les anciens avis du conseil d'Etat approuvés par le chef du gouvernement ; 4° certains décrets impériaux, plébiscites et sénatusconsultes ; 5° les circulaires ministérielles (1).

(1) Il faut remarquer toutefois que les circulaires ministérielles n'ont force de loi que pour les agents placés sous les ordres du ministre de qui elles émanent. Voy. M. Mourlon, *Répétitions écrites de Code civil*, t. I, n° 50.

CODE CIVIL OU CODE NAPOLÉON

135. Le Code civil, dont nous allons maintenant étudier les textes, est un Code de droit privé ; c'est la collection de trente-six lois qui, après avoir été successivement décrétées et promulguées sous l'empire de la Constitution du 22 frimaire an VIII, ont été méthodiquement réunies par le législateur (loi du 30 ventôse an XII, art. 1er) en un seul corps destiné à former notre droit privé et ordinaire. Il peut être défini : *la collection des lois qui règlent les rapports de famille, l'organisation de la propriété et les relations naissant soit des contrats, soit des différents actes juridiques de la vie sociale.* (Comparez M. Mourlon, *Répétitions écrites de Code Napoléon*, t. I, pag. 29, note 2, n° 38) (1).

136. Notre méthode d'enseignement consistera dans l'union de la méthode dogmatique et de l'exégèse. La première (la méthode *dogmatique*) s'attache à distribuer systématiquement, et suivant l'ordre logique des idées, les divers principes de chaque matière, sans se préoccuper d'ailleurs du mode de distribution adopté par le législateur. La méthode *exégétique* tombe, elle, dans l'excès contraire : elle suit pas à pas les textes, en les accompagnant d'un simple commentaire, sans aucune division générale. Nous avons pensé que l'alliance de ces deux méthodes serait un excellent procédé d'initiation aux principes du droit ; MM. les étudiants rencontreront ainsi les avantages de la synthèse, et seront en même temps constamment mis en

(1) Les différents auteurs qui ont écrit des traités d'ensemble sur le Code civil sont notamment : MM. Demolombe, Aubry et Rau, Laurent, Marcadé et Paul Pont, Demante et Colmet de Santerre, Mourlon, Acollas, Delsol, Rambaud, Toullier, Duranton et Troplong. Ajoutez les travaux préparatoires du Code, recueil Locré ou recueil Fenet.

présence des textes du Code civil, qui doivent former la base de leurs examens.

En conséquence, nous étudierons successivement les différents titres dont se compose le Code civil, sans en modifier l'ordre. Sous chaque titre, une division doctrinale sera présentée : cette division amènera nécessairement quelques interversions d'articles, faites du reste avec la plus grande sobriété. Nous aurons toujours soin de lire avant tout les textes, et nous poserons le plus clairement possible les hypothèses prévues par chacun d'eux. Nous ferons également des comparaisons fréquentes, soit avec le droit romain, soit avec le droit de notre ancienne France, soit avec les législations actuelles des pays voisins. Enfin les aperçus nouveaux que peuvent fournir la philosophie du droit et l'économie politique, seront mis en lumière, chaque fois que l'occasion s'en présentera. Nous arrivons ainsi à l'étude du titre préliminaire du Code civil. Le lecteur connaît l'esprit général qui a présidé à la rédaction de ce Code. Au moment où nous allons laisser les notions philosophiques et historiques pour entrer dans l'examen des textes, notre conclusion doit être l'affirmation énergique de cette union intime proclamée autrefois par Cicéron entre le *juste*, *l'honnête* et *l'utile*. C'est renverser les fondements de la nature, disait ce grand orateur romain, que de séparer l'utile de l'honnête : « *pervertunt homines ea quæ sunt fundamenta naturæ, quùm utilitatem ab honestate sejungunt.* » (*De Officiis*, lib. 3, cap. 28.) Les lois qui durent sont celles-là seulement qui sont conformes à la raison et à la morale éternelles.

FIN

TABLE DES MATIÈRES

(1) Comparez notre *Sommaire du cours de Code civil* [*premier examen*] (seconde édition), nos 40 et suivants.

DEUXIÈME PÉRIODE

Le droit intermédiaire.

TROISIÈME PÉRIODE

Le droit nouveau.

FIN DE LA TABLE DES MATIÈRES

— Lille. Typ. J. Lefort. 1875. —

AUTRES OUVRAGES DU MÊME AUTEUR.

Des caractères distinctifs des associations commerciales en participation (1865). DURAND. Une brochure in-8°. — *Épuisée.*

Considérations générales sur l'acquisition ou la libération par l'effet du temps (1869). THORIN. 1 vol. gr. in-8°. . . . . 3 »

De l'interdiction considérée comme cause de séparation de biens judiciaire (1870). COTILLON. Une brochure in-8°. . . . 1 50

Étude sur le paiement avec subrogation; ses caractères distinctifs (1871). THORIN. Une brochure in-8°. . . . . . 1 »

Programme sommaire du cours de Code civil (*Deuxième examen*), *avec une Étude sur le partage d'ascendants* (1871). THORIN. 1 vol. in-8°. 8 »

Étude sur la jonction des possessions (*art.* 2235 *du Code civil*) (1871). MARESCQ aîné. Une brochure in-8°. 2 50

De la revendication des titres au porteur en matière de faillite (1871). MARESCQ aîné. Une brochure in-8°. . . . . . 1 »

De la publicité des contrats pécuniaires de mariage, d'après la loi du 10 juillet 1850. MARESCQ aîné (1872). Une brochure in-8°. . 2 »

La loi du 12 août 1870 et le cours forcé des billets de la Banque de France (1872). MARESCQ aîné. Une brochure in-8°. . . . » 50

Sommaire du cours de Code civil (*Premier examen*). MARESCQ aîné. Une brochure in-8°. — Seconde édition (1876). 2 25

Notion du droit et de l'obligation (quatre premières leçons d'un cours triennal de Code civil) (1873). THORIN. Une brochure in-8°. . . 2 50

De la légitimation des enfants incestueux (simple note extraite du *Recueil spécial de Jurisprudence de la Cour de Douai*, t. XXXI, p. 109 (1873). THORIN. Une brochure in-8°. . . . . » 50

De la délégation des fonctions de l'instruction aux juges suppléants (1873). THORIN. Une brochure in-8°. . . . . . » 50

Comparaison des articles 434, 443 et 479 § 1er du Code pénal (Compte rendu d'une réforme proposée par M. DE CAUDAVEINE, président de chambre à la Cour d'appel de Douai (1874). MARESCQ aîné. Une brochure in-8°. . . . . » 50

Essai sur la vente de la chose d'autrui (1874). MARESCQ aîné. 1 vol. in-8°. 3 50

De la possession précaire. (1874). MARESCQ aîné. Une br. in-8°. . 1 50

Traité de la possession des meubles et des titres au porteur. MARESCQ aîné. 1 vol. in-8°. — Seconde édition (1875). . . . 12 »

Des clauses de remploi et de la société d'acquêts sous le régime dotal (Étude suivie du programme de six cours sur la communauté réduite aux acquêts (1875). MARESCQ aîné. Une brochure in-8°. . . . 2 50

Du paiement du prix par l'acheteur en matière de vente (1875). MARESCQ aîné. Une brochure in-8°. 1 50

Étude sur le titre préliminaire du Code civil : *De la promulgation et de l'application des lois et des décrets, d'après la législation actuelle* (1876). MARESCQ aîné. Une brochure in-8°. . . . . 1 »

LILLE, TYP. J. LEFORT

9

www.ingramcontent.com/pod-product-compliance
Ingram Content Group UK Ltd.
Pitfield, Milton Keynes, MK11 3LW, UK
UKHW021158220726
13924UKWH00003B/1195

9 782019 233259